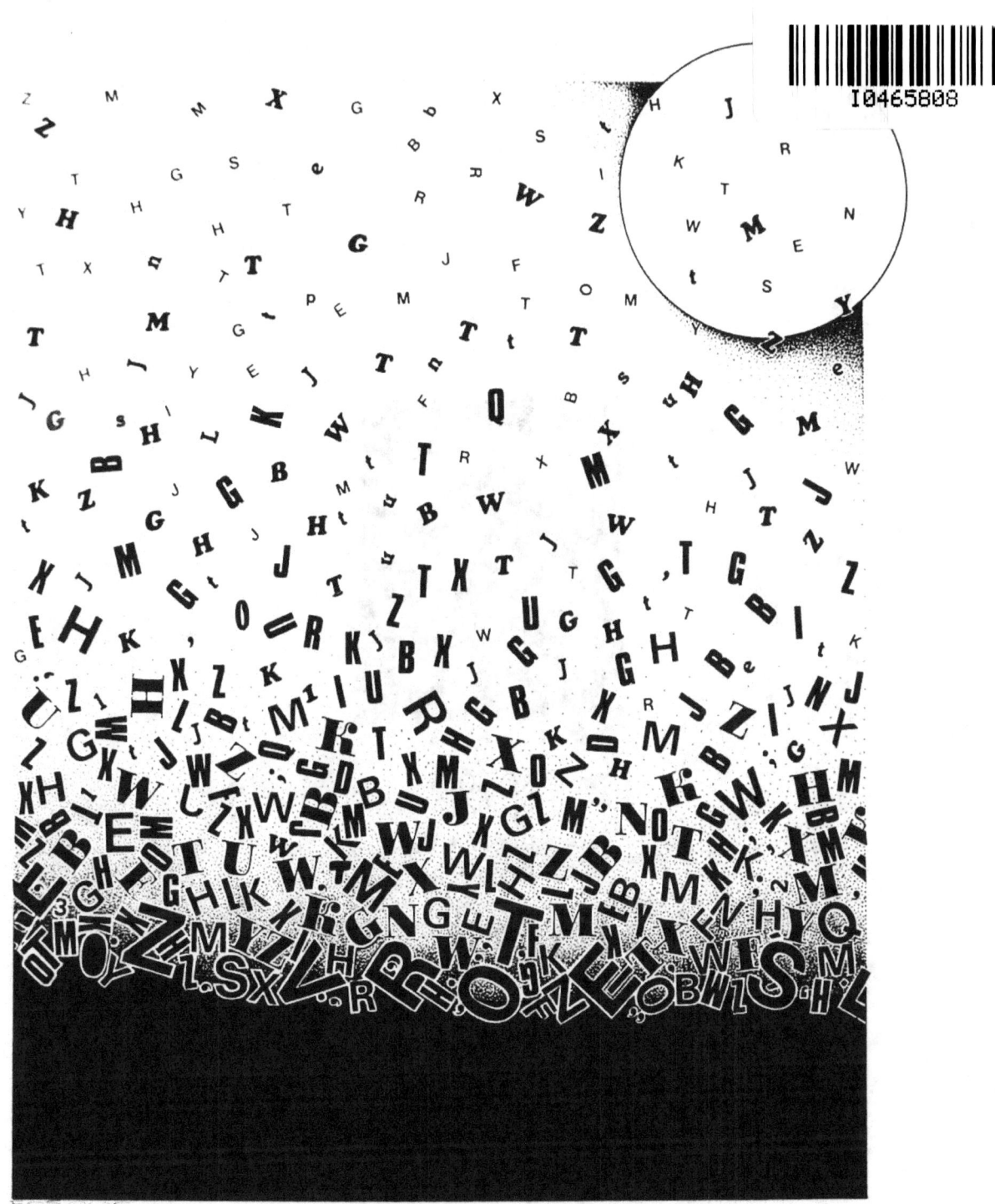

VISUALWORDS

ROBERTO ROSIQUE

Prologue by Jorge Ortega

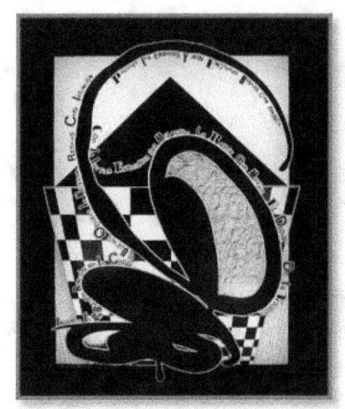

ROSIQUE
ROSIQUE
ROSIQUE
ROSIQUE
©
2019
Copyright
VISUALWORDS
Roberto Rosique
Calle Tercera 1517 Primer piso, zona centro
Tijuana, Baja California, México, 22000
(664) 318 92 41
robertorosique@gmail.com

Roberto Rosique's Alphabet

By Jorge Ortega

It's impossible to fully understand Roberto Rosique's (born 1956, Cárdenas, Tabasco, Mexico) lettered/visual works without taking into account the different influences that reinforced his genre in modern times. Specifically, I mean the calligraphic drawings by poet Guillaume Apollinaire, and posters by Italian futurists in which literary expression, advertising design, and architectural perspective coalesced. Some of these qualities permeate this featured artist's works, more so as stimuli than as models to follow. In his works, pop art and action painting are other referents which are more linked to the envisaging of a style than the search of a paradigm. Another source comes to mind: the kitsch, which reached its height in the postmodernistic eighties. Taking advantage of those movements' distinctive traits that involve high and mass cultures, Rosique has unwound the fabric of his compositions, winding and unwinding the thread of those features that have become his trademark as an creator of pictographic textures.

More than giving away the title of an art book or exhibition, *Palabrasvisivas* evokes some sort of poetry or generic concept of art and literature. The two words that make up the compond noun infuse it with a sense of touch, sight, and hearing, i.e., writing, observation, and speech through time. The latter brings to mind Antonio Machado, who considered poetry a voice in succession. *Palabrasvisivas* is a joint-term, a formula that hinges the written message to the graphic image; they are lines suited for visualization, illustrations to be read, and in between, imagining as if hearing the graphic capture of writing. In Rosiques works, calligraphy and figurativism converge, and as a consequence, the phonating potential of the former. In this manner, the lettered/visual works become drawings to be heard; vignettes that aside from the difficulty of assimilating them are available for superpositioning thanks to the sentence or chaining of sentences that outline them. We're not referring to a supplementary practice of visual art with literature but to a consubstantial fusion in which word and lines are closely determined.

Unlike Apollinaire who drew objects with poetic words, Rosique sometimes dispenses with such procedure to deliver a message within a paragraph in the blanks interspersed in a few depictions. But the main distinguishing traits are the standard use of geometry, anthropomorphism, the atomization of the text in syntactic particles, and a typographic concert of mingling lower and upper case letters. The resulting collage dynamizes this artist's proposal by enriching his works' filigree with an enigmatic and suggestive intensity whose elements seem to be forever revolving. Every image possesses an interior strength that radiates from the core towards the perimeters, synchronizing the contour with a nuclear figure thus infusing the whole with a breath of contredanse. Everything's in harmony, and the contrast is resolved in the circuit of balance that justifies his proposal: the statement and the curve, form and vacuum, the diversity of aspects that the line takes on.

Roberto Rosique's codices come into their own through metaphors of plenitude such as visual rhythm, music of the spheres, compatible signs, and scribbles that reestablish order. Even though the author states that "words annoy the ear," the lacy profusion that he condensates in these codices indicates a totality eclipsed by another totality, i.e., two superimposed absolutes: sender and receiver, the eternal suns of the communicative act. *Palabrasvisivas* do not always intend to convey a meaning or to channel the supposed coherence language must be based on. As with true art, Rosique's expression stems from perplexity, ennui, repulsion, and tediousness; states that eagerly strive to merge with the equation that manifests them thus acquiring the dimension of a labyrinthine phrase. In the pletoric or overabundant character of certain engravings, the encoding usually results somewhat hermetic, or goes in opposite direction to that of the transparent emission. The reciprocity of the correspondence is then tilted towards rupture.

Rosique's visual art is given to us as if it were both a closed and open system. Sometimes closed to immediate access, and usually open to the revelation of its problems. The dilemmas presented by his work respond to the implications of this dichotomy. On the one hand, the writing of a crystal-clear message without any interference; on the other hand, the digits or letters of syntagma presumably revealing but indecipherable. The same happens with images: on the one hand, the act of approaching an unsuspected silhouette or a subliminal contour; on the other hand, the recognizable gravitation of the thematic object. What matters is to cause the exhausting impulse of the graphic aspect over the relative air of incommunication of the verbal outlook. Rosique attempts to exhaust every nook of the folio with his ink chisel. The sheet gets crammed. The blanks fulfil the function of a meaningful talking absence by contrasting the proclivity to occupy to a maximum the extension to be painted in which results the explosive yearning to scream at the top of the lungs the revelation of a certainty.

The oscillating and dramatic pendulum of *Palabrasvisivas* is attached to this gesture of mute clamor to quote Vallejo. The literary dimension of Rosique's lettered/visual works could be glimpsed at as a fragmentary monologue which may include dissimilar subjects such as evoking the past, the impediments of the creative act, and frustration or human incapacity to make sense of the mystery of existence. In short, metaphysics and metaliterature; self-reflection, and about misunderstanding of the artistic edification. Reflection and despair. The coupling of the monologue's two sources, graphic and literary, concentrates on a critical link limited by the ends of a message that rounds up its content, and another that aborts its understandability. The artist's works are displayed between these two levels of reading, extreme for the supply or nakedness of its passwords. Rosique assembles different planes of discursive complexity from which probably stems the opulence of visual resources and degrees of elaboration that his plastic offering inspires in us.

Caveat: we don't intend to affirm that *Palabrasvisivas* favors a hard mission to be crumbled. As we pointed out at the beginning, its ostantatiousness is closely related to the visual fruits of mass culture. The geneology, in which we insert the constant uniting trait of its design, collaborates in the reception. The addition of writing, of course, adds to it. Literalness is the other key that contributes to dismount the probable imbroglio of the piece. I stand corrected: literalness is as crucial as clarity of image no matter how sinuous it might seem. The text lines are a mutation of those snake-like pigments that creep or undulate over the page till they strangle several annotations. Rain or letters' tension. Thoughts that follow a course inflicted by animic temperature, emotional or psychological that bear the dams of enunciation. Texts that set the pattern on the graphic context. Or is it (the other way around)? Are they austere or saturated images the ones that burst out a priori on the mental screen of the artist? The language of *Palabrasvisivas* involves the counterpoint of image and written language. Both embroider side by side the stimulating bipolarity of the hybrid logbook.

Between explicitness and abstraction, we find insertions such as "I think slowly,/ very slooowly,/ to avoid listening to myself,/ light dims gradually until it becomes a sensation" or "Stmans Muremairch CD Favorite Blef Taonce Maxsic Ytid Aomm Rtos Ma Ergss Mit Weisb Relor Del Mirnan Ide Edimaogulf F Azul Ret Iniano Uno de Larebos Necet Bovel Efe Gre Del Ica Os Le Bl Ef". We find passages in which the expressive intention gels undoubtedly alongside multiplying locutions. We already alluded to this game of the evident and the vague that intrigue rides on. Let us add another possibility: the apparent dissolution of the senses. *Palabrasvisivas* becomes remotely related to the boldness of *Altazor*. But is there a dissolution of sense just where the artist wanted to rehearse a metathesis, an anagram or a vocabulary trituration? There lies the ambiguity as veiled sense. The truth is that Rosique's caligraphy, at least some of it, intends to forge a language, a new system of codification that is self-sufficient in space durability to later evaporate, and perhaps be reborn in the riddle of another work. The art of styling the solipsism. The distorted and lyrical self-portrait.

Are Roberto Rosique's posters poems, pictorial compositions that feature writing? His answers: they are visual words, words that can be seen. Lucubrations to be shared. The definition is a little categorical, and more inclusive. It thrives in any variant of literary genius or better yet, on the margins of its fringes. Rosique's phrases adapt, in any case, to the demands of graphic mastery that merit their visual aspiration; they are terms that are seen because they produce to begin with, a visual effect or because the artist manipulates them to turn them into components of an equally visual product. Rosique's words are there to be read as a drawing, a vignette, an effigy, but with the additional spell of the work that emerges impregnated of the intrinsic properties of poetry summarized in the effusion of an individuality. His lettered/visual works are marked by the unilateral optic, the author's and his allegations, that he has marked the declarative angle of modern art. Nevertheless, his imagery offers us plenty of grips.

"Words without verb are a useless reproach like an absurd painless moan," reads one of the inscriptions of *Palabrasvisivas*. In the power of such aphorism is contained not only the partial calling of an artistic plan but also, and above all, the seed of tutelary poetics. "Words without verb" "painless moan." Rosique exalts predominance of inventive action and intelectual honesty over conformity and pretense. Vivacity and rapture totally ignite the series of *Palabrasvisivas* and the rest of its corpus. The brush as a dynamo, the pen as a valve. Art pressure and substance. The "absurd" is for Rosique what grants life and takes it away, nullity as the coma phase of a circumstance, which in its urgency, demands a genuine fuss from art. To Rosique, the "absurd" is what does not grant or takes away. Roberto Rosique's flees immobility or false appeasement to reconcile the balance between the unstoppable cycles of commitment, and a dedication, in which his own search regenerates.

Barcelona, Spain.

El alfabeto de Roberto Rosique

Jorge Ortega

*E*s posible inteligir los trabajos letrovisuales de Roberto Rosique (Cárdenas, Tabasco, 1956) sin tener en cuenta las incursiones que dieron solidez al género en la época contemporánea. Me refiero, esencialmente, a los dibujos caligráficos del poeta Guillaume Apollinaire, y a los carteles de los futuristas italianos en que convergieron la expresión literaria, el boceto publicitario y la perspectiva arquitectónica. Algunas de estas cualidades irrigan el oficio de nuestro artista, más como un estímulo que como un modelo. Otros referentes estriban en el pop art y el action painting, aunque, de igual modo, ligados más a la transpiración de un estilo que a la procuración de un paradigma. Cito otro de sus nutrientes: el kitsch, cuyo apogeo sobrevino en la década de los ochenta. A partir del aprovechamiento de los rasgos identitarios de tales movimientos, que involucran la alta cultura y la cultura de masas, Rosique ha desenrollado la estela de sus composiciones, ovillando y desovillando, jalando hilo de aquellas facciones que le han infundido un sello propio a su labor como inventor de texturas pictóricas.

Más que delatar el título de un libro de arte o una exposición, Palabrasvisivas remonta a una suerte de poética o concepto genérico sobre arte y literatura. Entre los dos vocablos es posible imbuir el tacto, la vista y el oído; es decir, escritura, observación y palabra en el tiempo, recordando en lo último a Machado, para quien la poesía era justamente la voz en la sucesión. Palabrasvisivas: término-bisagra, fórmula que estrecha el mensaje escrito con la imagen gráfica; renglones aptos de visualizarse, ilustraciones para leerse y, entre ambos caminos, el de imaginar mediante la escucha la plasmación gráfica de la escritura. En la empresa de Rosique confluyen la caligrafía, el figurativismo y, en consecuencia, el potencial fonador de lo primero. Así, los acetatos letrovisuales son dibujos que se oyen; viñetas que, independientemente de la dificultad para ser asimiladas, están en disposición de *suponerse gracias a la oración o encadenamiento de enunciados que las perfila. No hablamos de una práctica complementaria del arte visual con la literatura, sino de una fusión consubstancial donde palabra y línea se hallan íntimamente determinados.*

A diferencia de Apollinaire, que dibujaba con palabras el objeto de sus poemas, Rosique prescinde en ocasiones de semejante modalidad para ofrecer en los blancos de contadas figuras el párrafo de un mensaje. Pero la mayor distinción consiste en el uso normativo de la geometría, el antropomorfismo, la atomización del texto en partículas sintácticas y el concierto tipográfico de minúsculas con mayúsculas. El collage que obtenemos a cambio dinamiza el planteamiento de nuestro artista, enriqueciendo la filigrana de su tarea de una densidad enigmática y sugerente cuyos ingredientes parecen mantenerse en rotación. Hay una fuerza interior en cada lámina abarcando el centro y los perímetros, sincronizando los contornos con la figura nuclear para infiltrar al conjunto un soplo de contradanza. Nada está reñido con nada y el contraste se resuelve en el circuito de equilibrios que justifica la propuesta: el enunciado y la curva, la forma y el vacío, la diversidad de aspectos que toma el criterio de la línea.

Ritmo visual, música de las esferas, signos compatibles, garabatos que reestablecen un orden. Los códices de Roberto Rosique se realizan en dichas metáforas de plenitud; pese a que "las palabras fastidian los oídos", como estipula el autor, la profusión de encajes que condensa estos códices nos indica una totalidad eclipsada por otra totalidad; esto es, dos absolutos superpuestos: emisor y receptor, soles eternos del acto comunicativo. Mas no siempre las Palabras visivas de Rosique pretenden transmitir un significado; o vaya, canalizar la coherencia que supuestamente debe fundamentar el ejercicio del lenguaje. Como el verdadero arte, la expresión de Rosique se desprende también de la perplejidad, el hastío, la repulsión, el tedio, estados que en un afán de fundirse con la ecuación que los manifiesta adquieren la traza de una frase laberíntica. En el carácter pletórico o agotador de ciertos grabados, la

9

codificación suele resultar un tanto hermética, o bien, acontecer en dirección contraria al de la emisión transparente. La reciprocidad de la correspondencia se inclina entonces a la ruptura.

El arte visoria de Rosique se nos entrega como un sistema cerrado y abierto. Cerrado en ocasiones a un acceso inmediato, y regularmente abierto en la exteriorización de sus problemas. A las implicaciones de esta dicotomía responden los dilemas que depara la obra. Por un lado la redacción de un mensaje nítido, sin interferencias; por el otro los dígitos o las letras de un sintagma presuntamente revelador, pero indescifrable de entrada. Lo mismo para con las imágenes: por un lado el acercamiento a una silueta insospechada o un contorno subliminal, por el otro la reconocible gravitación del objeto temático. Lo importante a destacar ante el relativo aire de incomunicación del cariz verbal es, como lo insinuamos arriba, el impulso agotador de la vertiente gráfica. Rosique intenta fatigar con su cincel de tinta cada rincón del folio. La placa se atiborra. Los blancos cumplen la función de una ausencia significativa, parlante, al contrastar con la proclividad de ocupar al máximo la extensión pictorizable en que se colma el explosivo anhelo de gritar a los cuatro vientos la develación de una certeza.

A este ademán de estruendo mudo, por citar a Vallejo, se afilia de manera provisional el oscilante péndulo dramático de Palabras visivas. *La dimensión literaria de los trabajos letrovisuales de Rosique podrían atisbarse como un monólogo fragmentario en que caben materias tan disímiles como la evocación del pasado, los impedimentos del hecho creativo y la frustración o incapacidad humanas para embonar con los misterios de la existencia. En suma, metafísica y metaliteratura; reflexión sobre uno mismo y sobre las desaveniencias de la edificación artística; reflexión y desesperación. El acoplamiento de las dos vertientes del monólogo, la gráfica y literaria, se concreta en un vínculo crítico limitado por los cabos de un mensaje que logra redondear su contenido, y otro que aborta su comprensibilidad. Entre estos dos niveles de lectura, extremos por el pertrecho o la desnudez de sus contraseñas, se despliega el programa del tijuanense. Rosique ensambla distintos planos de complejidad discursiva. Tal vez de ello deriva la opulencia de recursos visuales y grados de elaboración que nos inspira su ofrenda plástica.*

Cuidado: tampoco queremos afirmar que Palabras visivas auspicie una misión ardua por desmenuzar. Como señalamos al inicio, su ostentación guarda estrechas similitudes con los frutos visuales de la cultura de masas. La genealogía en que insertas las constantes unitivas de su diseño colabora en la recepción. El aditamento de la escritura, desde luego, abona créditos al respecto. La literalidad es la otra llave que coopera en desmontar el probable embrollo de la pieza. Corrijo: la literalidad es tan crucial como la claridad de la imagen, por sinuosa que luzca. Los renglones del texto son una mudanza de esas sierpes de pigmento que reptan u ondulan por la página hasta ahorcar varias anotaciones. Lluvia o tensión de letras. Pensamientos que siguen el curso que inflige la temperatura anímica, emocional o psíquica que portan los diques de la enunciación. Textos que dictan pauta a su contexto gráfico. ¿O al revés? ¿Son acaso las imágenes austeras o saturadas las que revientan a priori en la pantalla mental del artista? El idioma de Palabras visivas entraña el contrapunto de la imagen y el lenguaje escrito. Tanto uno como otro bordan, cuerpo a cuerpo, la estimulante bipolaridad de esta bitácora híbrida.

Entre la explicitez y la abstracción, hallamos inserciones como "Pienso despacio, / Muy des-pa-cio; / Para no oírme", "La luz se va haciendo tenue hasta volverse sensación" y "Stmans Muremairch CD Favorite Blef Taonce Maxsic Ytid Aomm Rtos Ma Ergss Mit Weisb Relor Del Mirnan Ide Edimaogulf F Azul Ret Iniano Uno de Larebos Necet Bovel Efe Gre Del Ica Os Le Bl Ef". Pasajes en que la intención expresiva cuaja sin dejar lugar a dudas, junto a locuciones que las multiplican. Ya aludimos a este juego de lo evidente y lo vago en que se desplaza la intriga. Añadamos otra posibilidad: la aparente disolución de sentido. Palabrasvisivas emparenta remotamente con la osadía de Altazor. Pero, ¿hay disolución de sentido justo donde el artista quiso ensayar una metátesis, un anagrama o una trituración vocabular? He ahí la ambigüedad como sentido velado. Lo cierto es que las caligrafías de Rosique, o al menos unas cuantas, pretenden fraguar un lenguaje, un nuevo sistema de codificación que se baste a sí mismo en la durabilidad de su espacio, para después evaporarse y quizá renacer en el acertijo de otra lámina. Arte de estilizar el solipsismo. Estética del distorsionado autorretrato lírico.

¿Son poemas los carteles de Roberto Rosique, sus composiciones pictóricas acompañadas de escritura? Él nos contesta: son palabras visivas, palabras que se ven, elucubraciones que se comparten. La definición es poco categórica y más incluyente; aflora en cualquier variante del genio literario o, mejor todavía, al margen de sus lindes. Las frases de Rosique se adaptan, en todo caso, a las exigencias del dominio gráfico que amerita su aspiración visoria; son vocablos que se ven ya porque surten en principio un efecto visual, ya porque el artista los manipula con el fin de claudicarlos en tanto componentes de un producto igualmente visual. Las palabras de Rosique están para leerse como un dibujo, una viñeta, un grabado, una efigie, pero con el hechizo adicional de la obra que surge fecundada por las propiedades intrínsecas de la poesía resumidas en la efusión de una individualidad. Sus trabajos letrovisuales están decididos por la óptica unilateral, la del autor y sus alegatos, que ha marcado el ángulo declarativo del arte moderno. No obstante, su imaginería nos brinda suficientes asideros.

"Las palabras sin verbo son como un reproche inútil, como un absurdo quejido sin dolor", reza una de las inscripciones de Palabras visivas. En la contundencia de tal aforismo se recapitula no únicamente la vocación parcial de un plan artístico, sino también, y sobre todo, el germen de una poética tutelar. "Palabras sin verbo", "quejido sin dolor". Rosique exalta por encima del conformismo y la simulación el predominio de la acción inventiva y la honestidad intelectual. La vivacidad y el arrebato encienden por completo la serie de Palabras visivas y el resto de su corpus. El pincel como dínamo, la pluma como válvula. Presión del arte y la sustancia. Lo "absurdo" es para Rosique lo que no otorga o quita vida, la

12

nulidad como fase de coma de una circunstancia que, por su aguijoneo, demanda el genuino aspaviento del arte. El de Roberto Rosique huye de la inmovilidad o el falso apaciguamiento para conciliar la balanza en los imparables ciclos del compromiso y la dedicación en que se regenera su propia búsqueda.

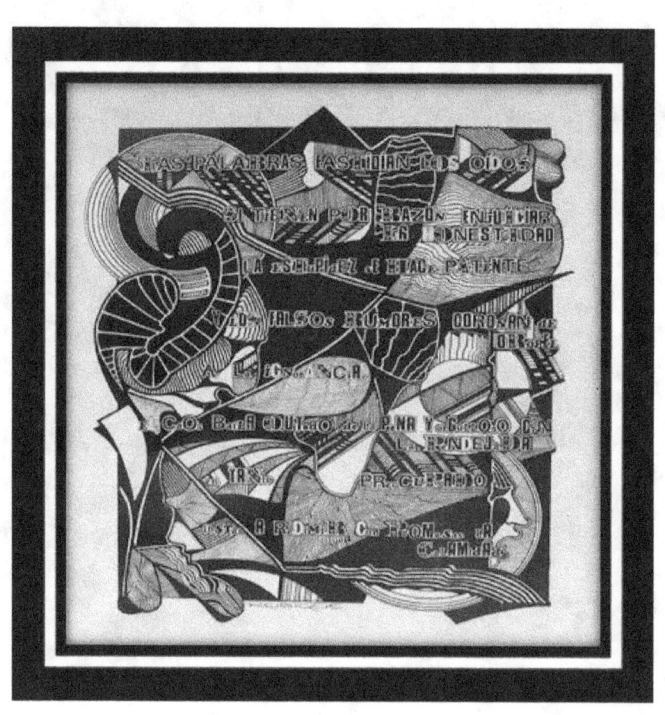

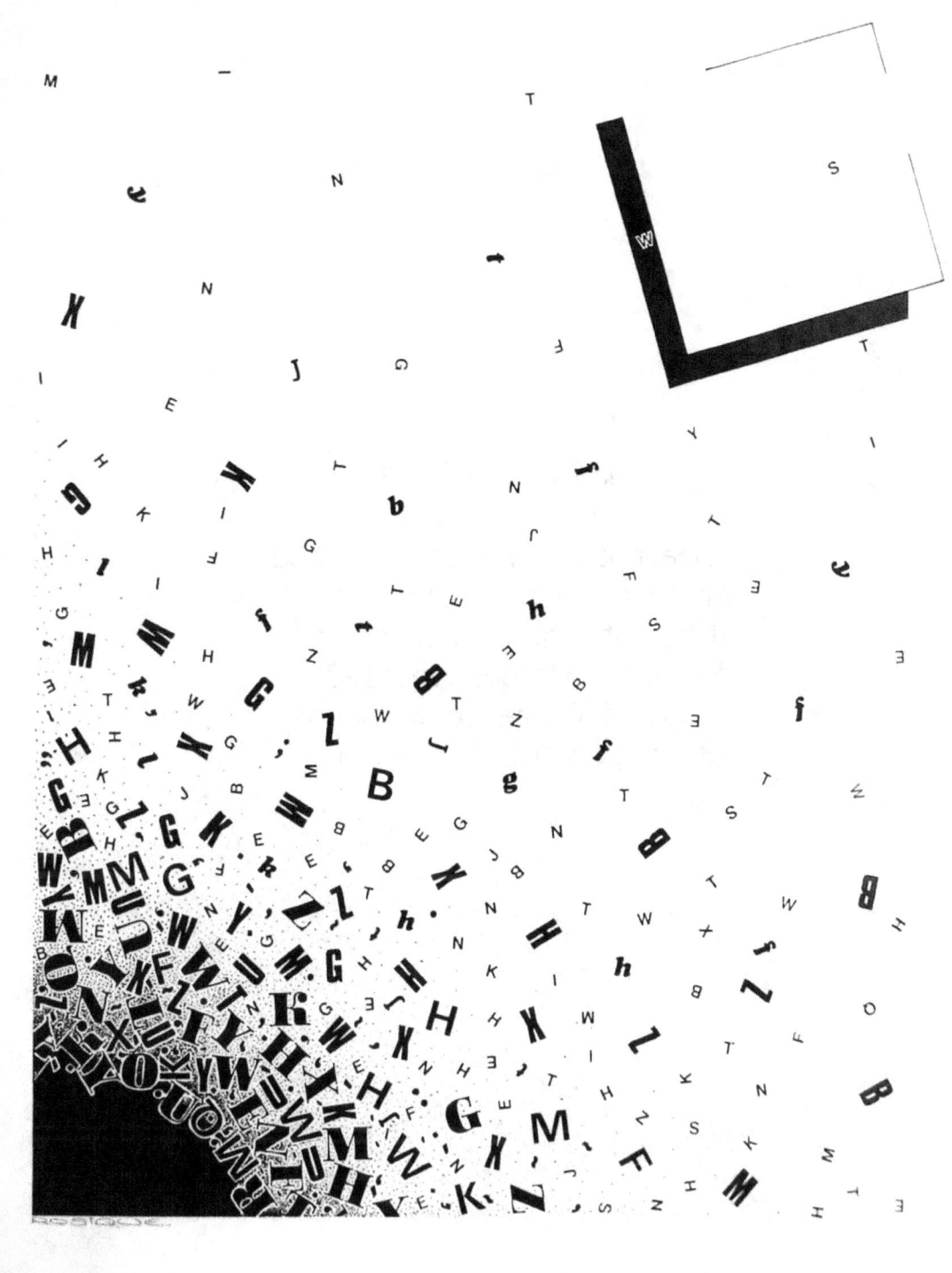

VISUALWORDS SDROWLAUSIV
WORKS SKROW

La palabra   LA PALABRA

L1P1L1B191

Lllaaappaaaaallllaaaaabbbrrraaa
arrrrrrrrrrrrrrrrrrrrrrrrrrrrrrrttttttttt
ttttttttthhhhhhnnnnnnmmmaaak
kkeedddwwttqqqrrvvaaa123454
5677ññññ̃ñaaaeeeeewwwaaqqp
ppggggtttttttllllzzzaallbb

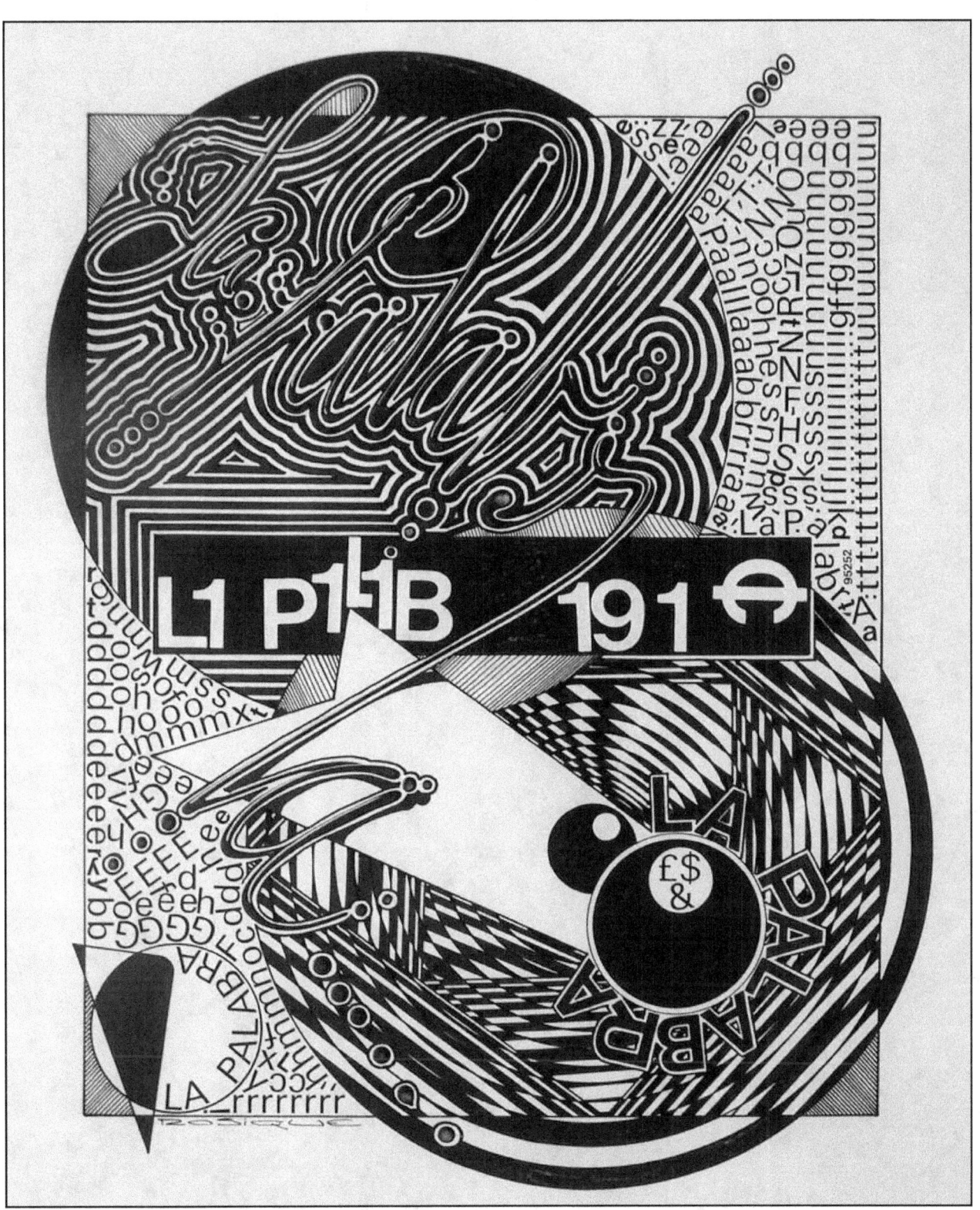

DÉJAME DECIRTE MENTIRA QUE
POR MáS OCULTA,
TU AGONÍA AFLORA CUANDO
ENFRENTAS SIN REMILGOS LA
VERDAD.

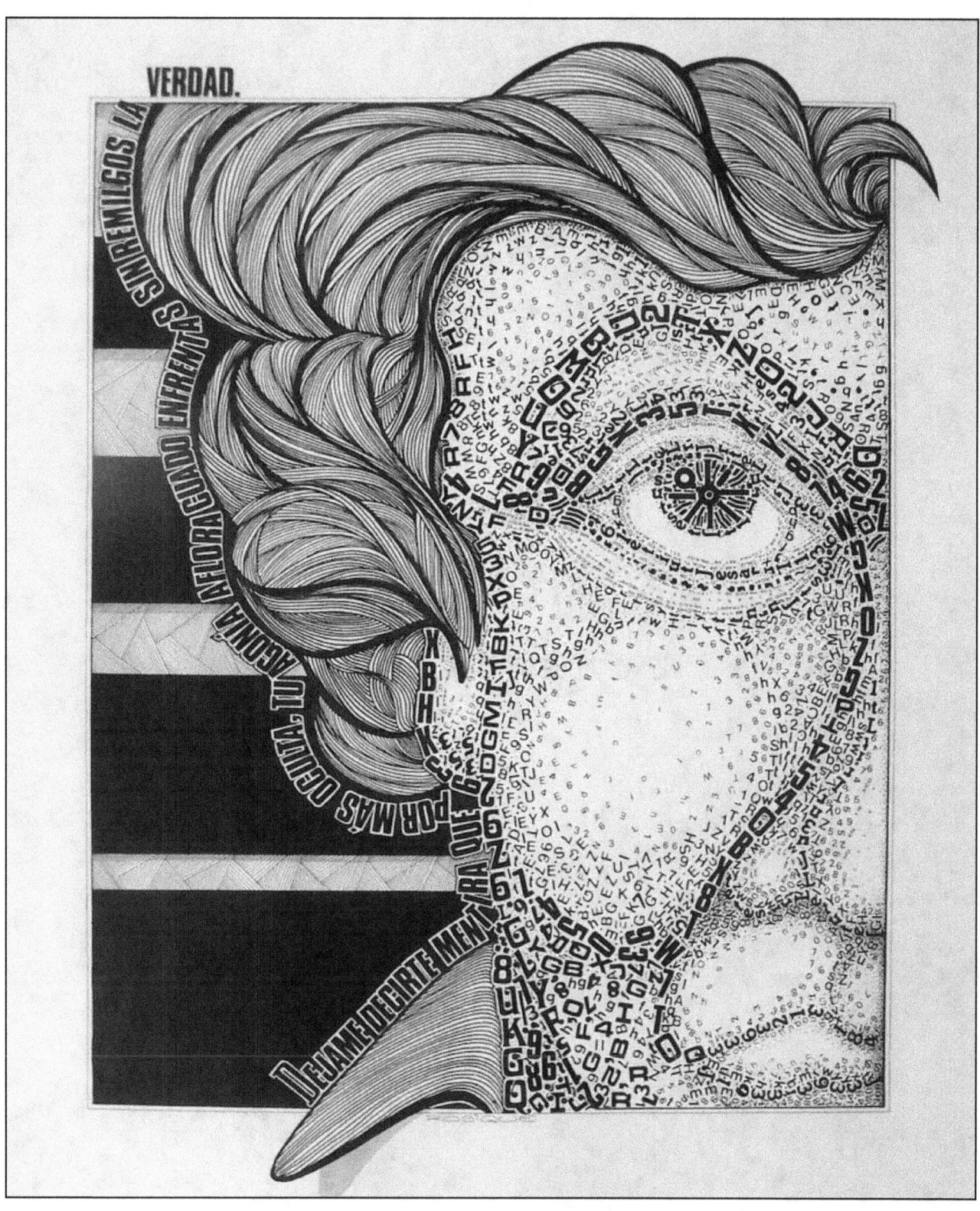

19

AYER POR ALGÚN MOTIV, DE
CUALQUIER MANERA O DE LA
FORMA QUE SEA,
INEXORABLEMENTE PASÓ.

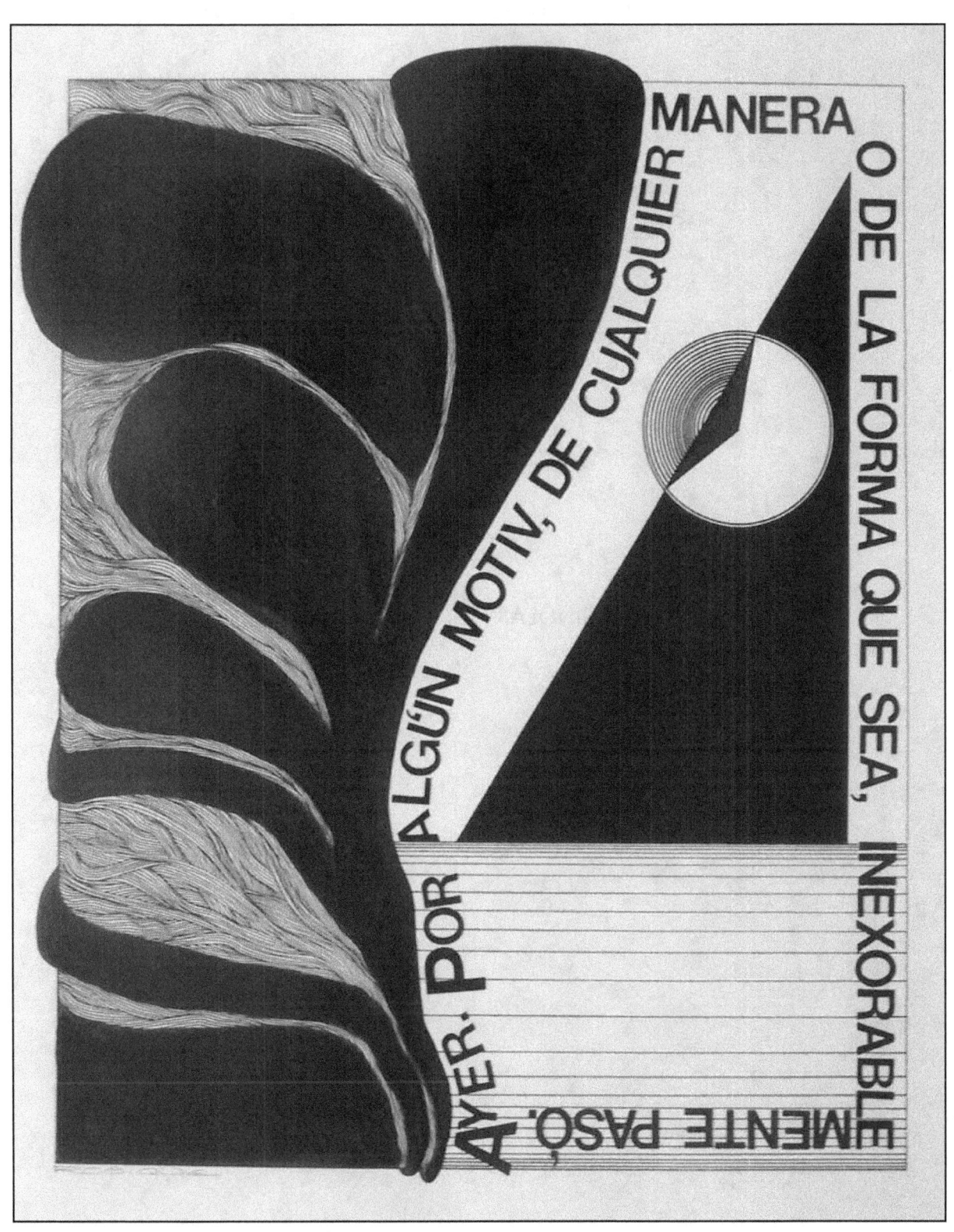

21

OTORRINOLARINGOLOGO

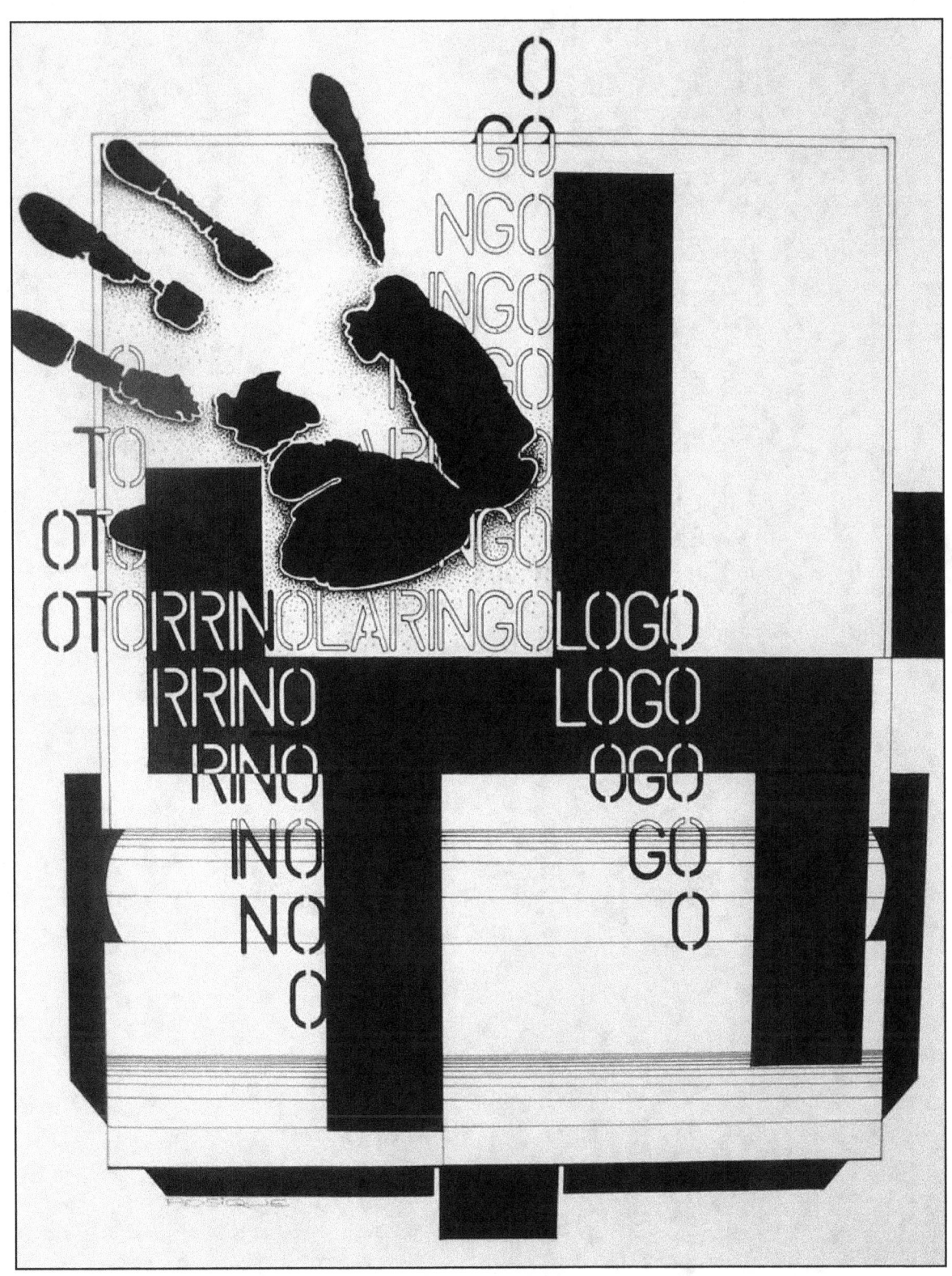

23

Meter La cabeza EN LA CoNCienCia
y Sacar DE Ahí AunQue Sea Hilachas
De Esperanza, TrTando Con Ellos de
HilVanAr Esa CoStosa PreNda Que
SóLo La Memoria Le Da PasO A Su
EstaNcia, hacEr Con los Girones Y
FérrEa VolunTad Esa Cobija Que
TanTa Falta Hace A Nuestra VidA.

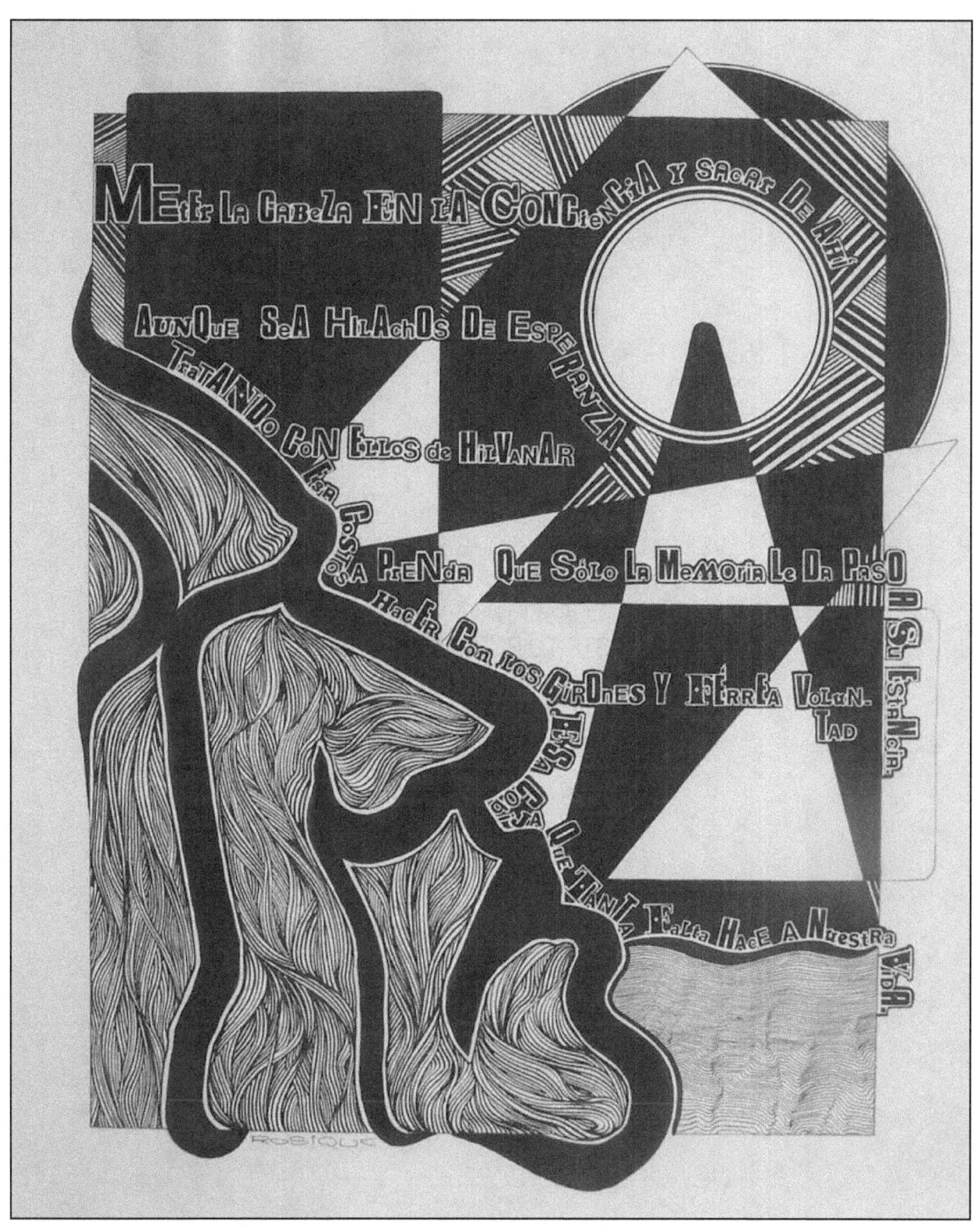

METER LA CABEZA EN LA CONCIENCIA Y SACAR DE AHÍ
AUNQUE SEA HILACHOS DE ESPERANZA
TRATANDO CON ELLOS DE HILVANAR
ESA COSTOSA PRENDA QUE SÓLO LA MEMORIA LE DA PASO A SU ESTANCIA
HACER CON LOS GIRONES Y FÉRREA VOLUNTAD
ESA COBIJA QUE TANTA FALTA HACE A NUESTRA VIDA.

ROBIQUE

VENDAVAL BURLESQUE SACIASTE
TU IRONíA EN LA SARCáSTICA
GALERNA,
COLMASTE TU BURLA EN EL
CáUSTICO Ventarrón; SATURASTE
EL ESCARNIO EN LA TROMBA Y TE
HARTASTE.

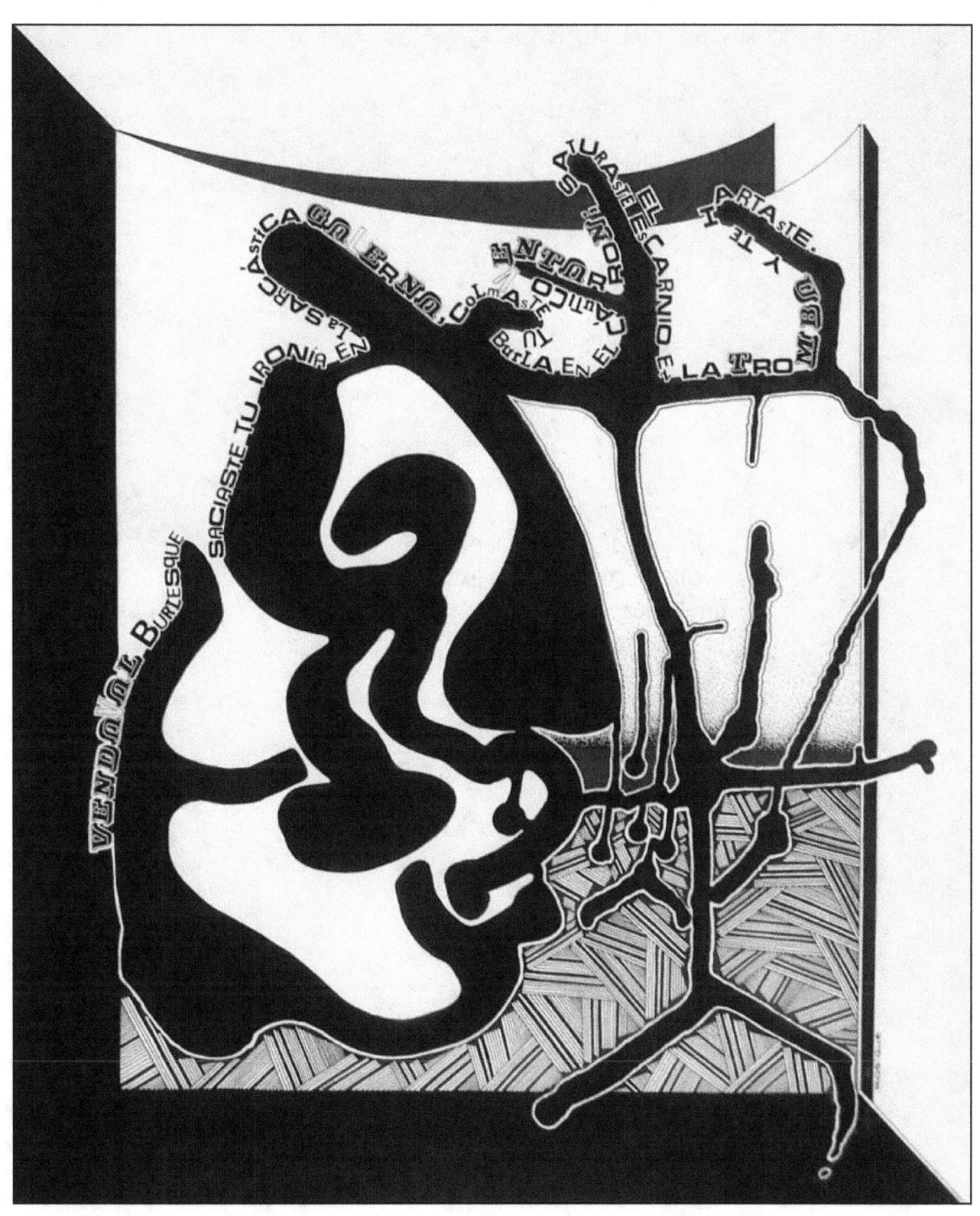

27

Fastidiado de Caminar Se detuvo.
Cuestionó a sus Pies extenuados,
Entumidos, No por Indolencia Callaron.
Se reconcilió con Su Andar.

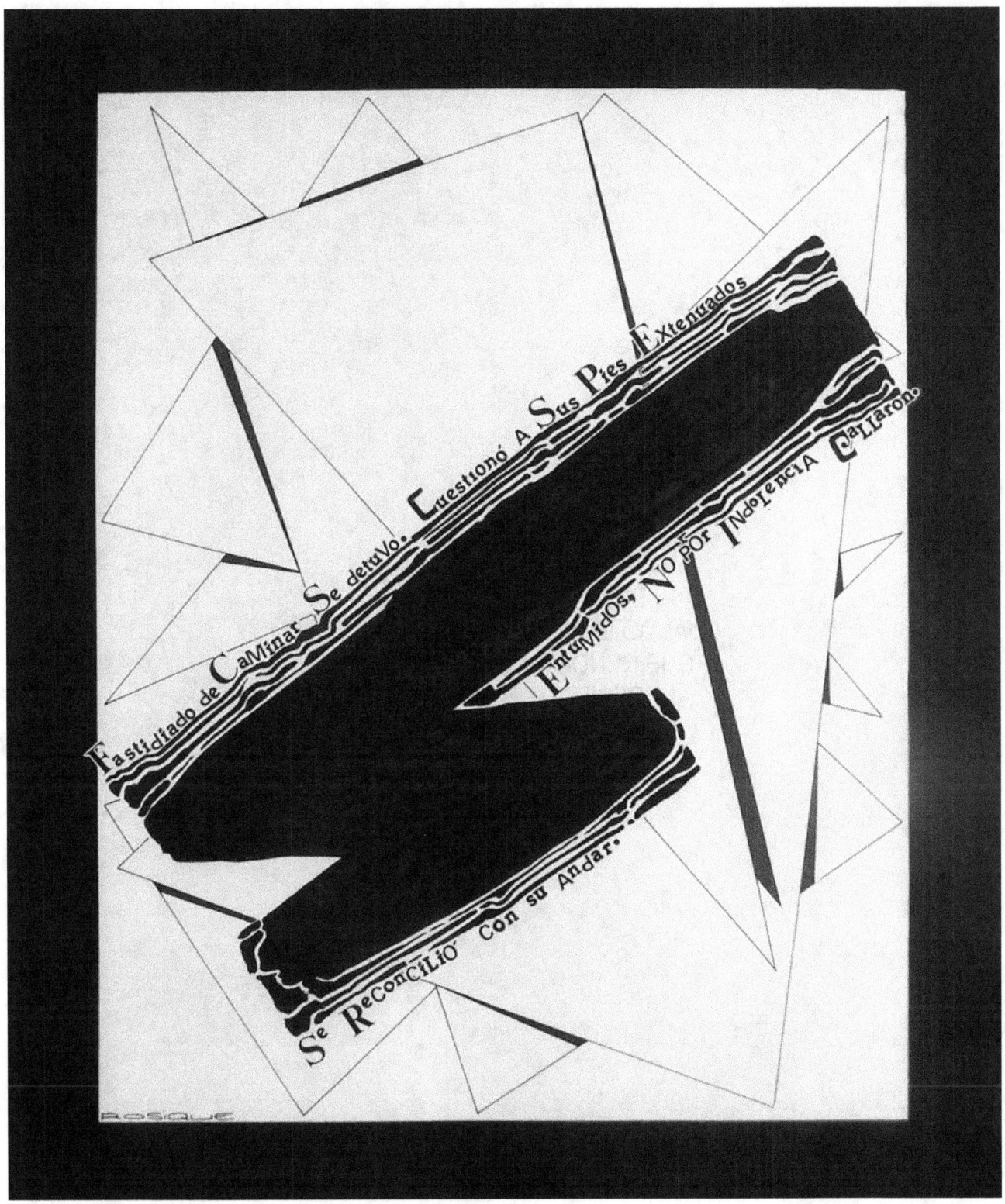

Fastidiado de Caminar, Se detuVo. Cuestionó A Sus Pies Extenuados Entumidos, No Por Indolencia Callaron. Se Reconcilió Con su Andar.

Rosique

TAL VEZ PUEDA DECIR: ¡ME
SIENTO EXTRAÑO¡
CUANDO EMPIECE A SENTIR LO
QUE NUNCA HABIA TENIDO
NECESIDAD DE SENTIR.

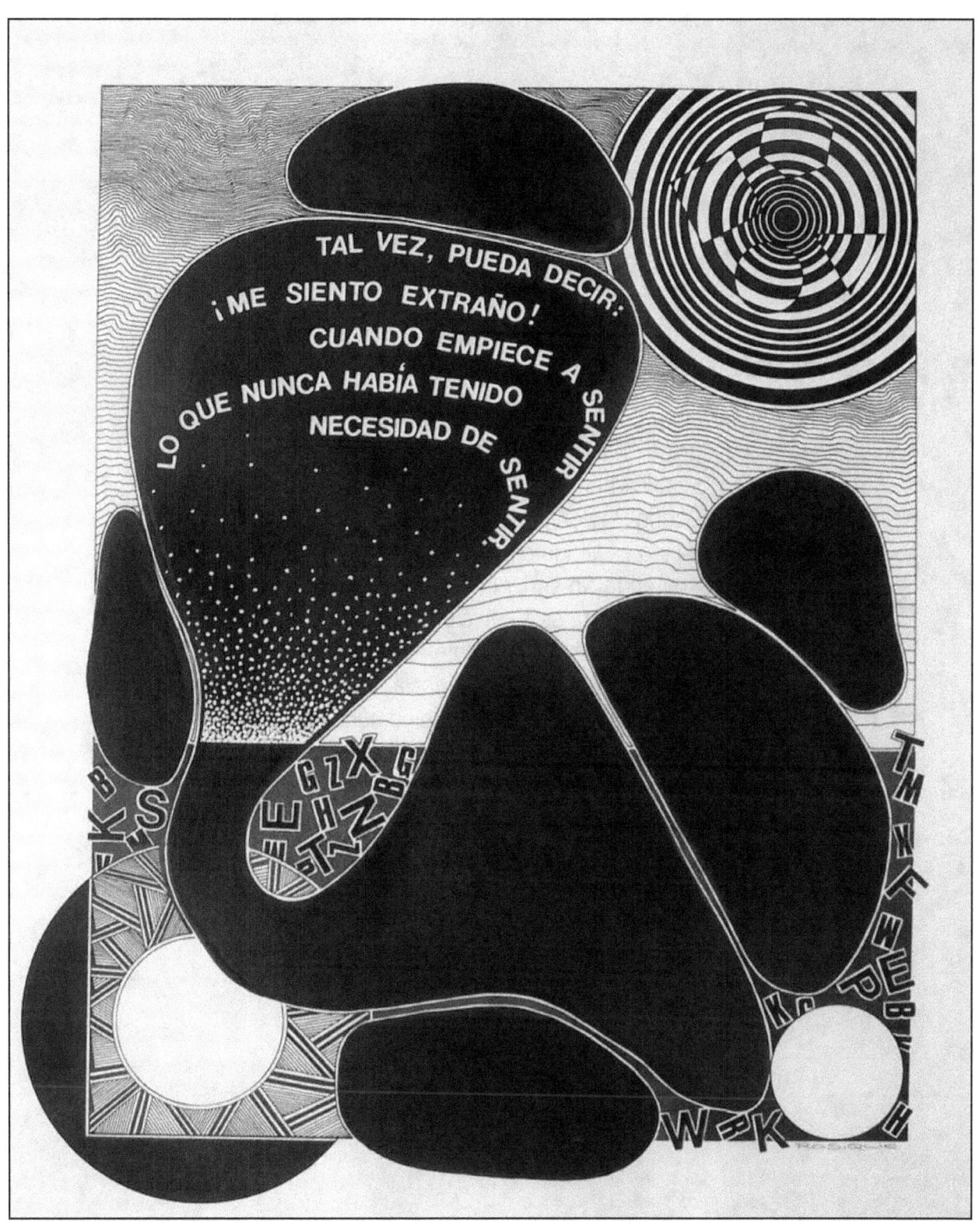

TAL VEZ, PUEDA DECIR:
¡ME SIENTO EXTRAÑO!
CUANDO EMPIECE A SENTIR
LO QUE NUNCA HABÍA TENIDO
NECESIDAD DE SENTIR.

Al narrar un Dolor Que no Has sentido, o Gritar
Convencido una Mentira que a los Ojos Velan
su Certeza, Parece Que indultas la Necesidad y
el Sobrio Porvenir se marea incrédulo,
trastabillando se Dirige a la Incongruente Salida
como esperando No sentir la realidad. Ante Ese
Engaño, la palabra se Vuelve inhóspita por la
Intransigencia y Los Actos Frente a Esa Postura
Denigran la Humanidad. La tendencia a Restarle
Sentido a la Justicia Suele Ser tan común, Que
Cuando ésta se Apega a sus Principio lo Serio
se Vuelve Hilaridad. Tal vez Debemos, al necio
que Lucha por lo Verás respetarle, pero al Necio
de Una Actitud sin Fundamento Debemos
Dejarlo en el olvido

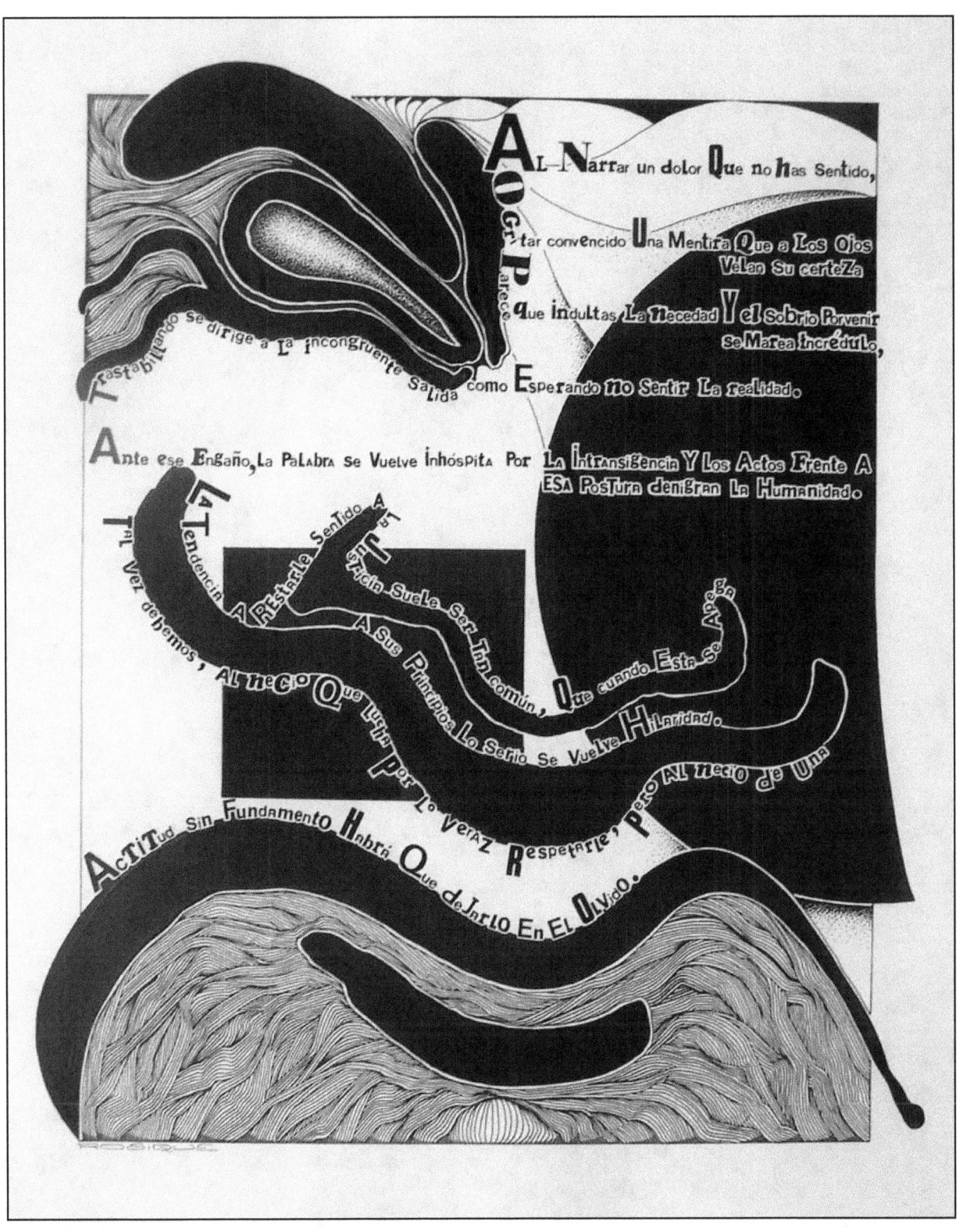

Al Narrar un dolor Que no has Sentido,

Gritar convencido Una Mentira Que a Los Ojos Velan Su certeza

Que indultas La Necedad Y el Sobrio Porvenir se Marea Incrédulo,

Trastabillando se dirige a La incongruente Salida como Esperando no Sentir La realidad.

Ante ese Engaño, La Palabra se Vuelve Inhóspita Por La Intransigencia Y Los Actos Frente A ESa PosTura denigran La Humanidad

La Tendencia A ReStarle SenTido A La Justicia Suele Ser Tan común, Que cuando Esta se Apega A Sus Principios Lo Serio Se Vuelva Hilaridad.

Tal Vez debemos, Al Necio Que Lucha Por Lo Veraz Respetarle, Pero Al Necio de Una

Actitud Sin Fundamento Habrá Que dejarlo En El Olvido.

VOZ VACUA
VOZ VACUA

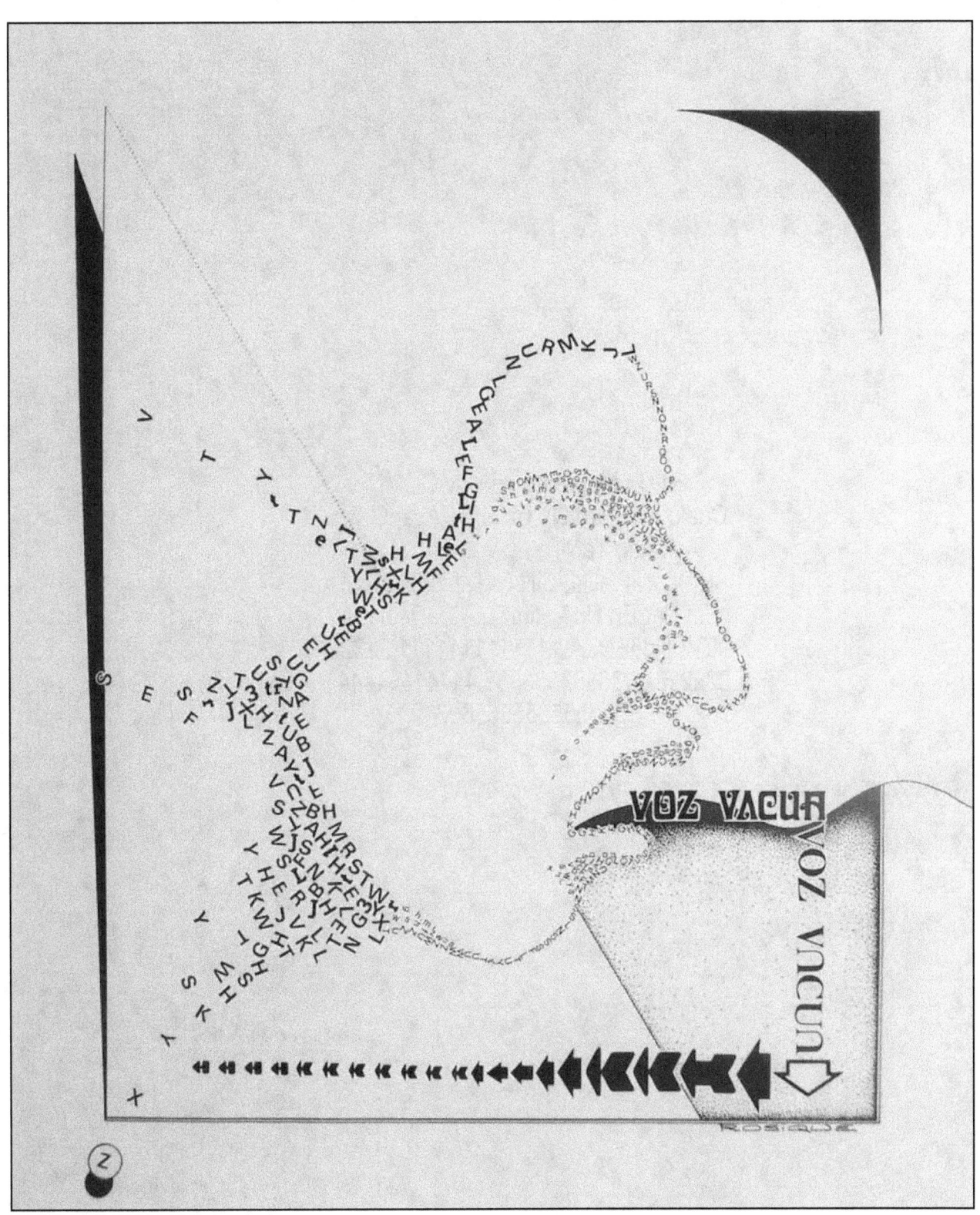

En Un Momento de Hoy COMo CualquieR otro De Un Día PAsadO, se Agrandó TaNTo La VaNidad y Ya HiPertroFiaDa, SiN FaTaLidad La Vi Estallar En UnA RidíCulA CaRcajada DEVERgüENZA.1111111111111.22222 22222222.33333333333.44444444444. 555555555555666

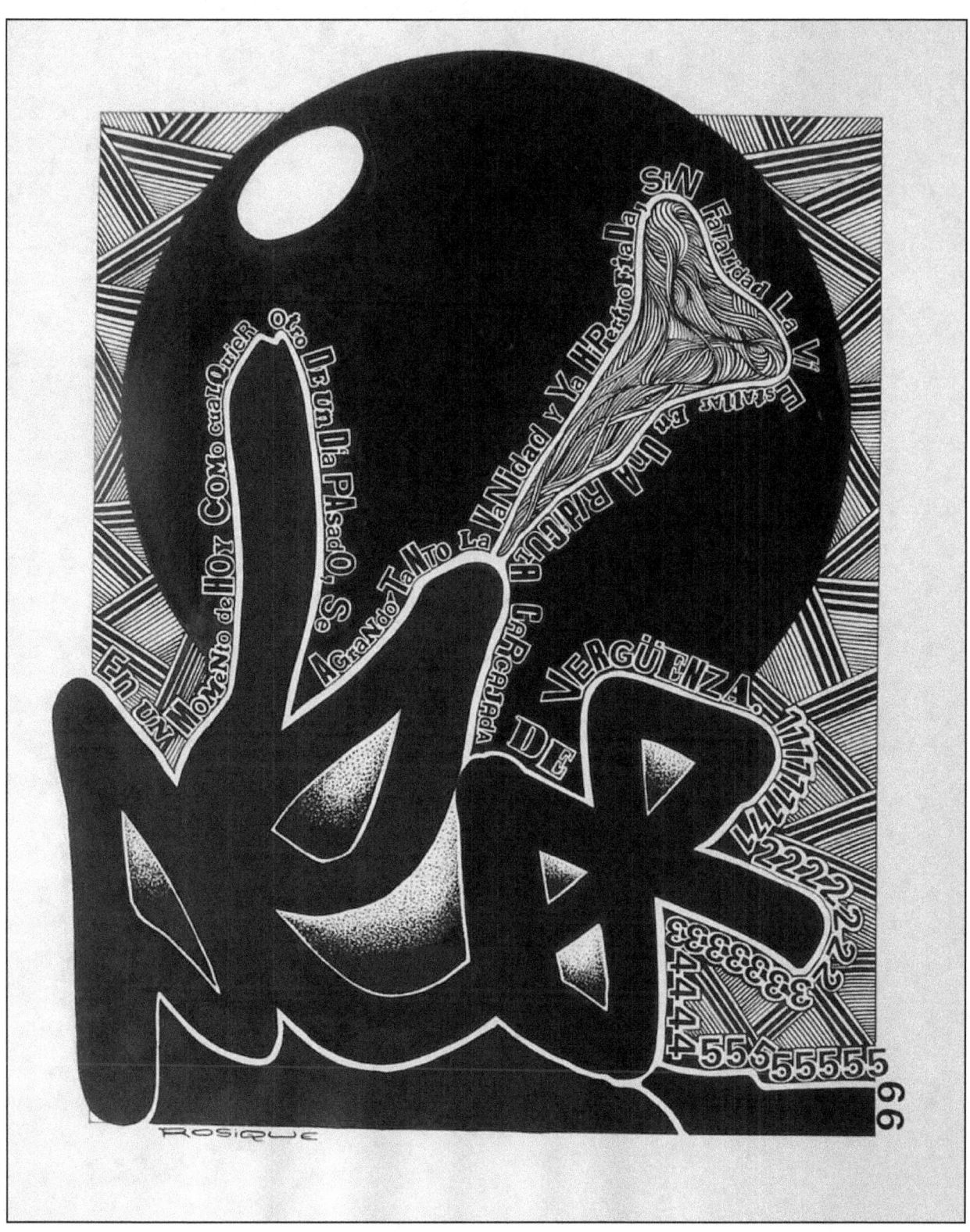

En un MomeNto de HoY CoMo cuaLQuieR OtRo De un Dia PAsado, Se AGRaNdo TaNto La VaNidad y Ya HPerdiro Fria Dau siN FaTaridad La Vi ItestaLLar En uNa RidiCuLa CaRCaJada DE VERGÜENZA. 1111111111 2222222222 33333333 44444 55555555 66

ROSIQUE

37

EL INDICIO DE ALGO

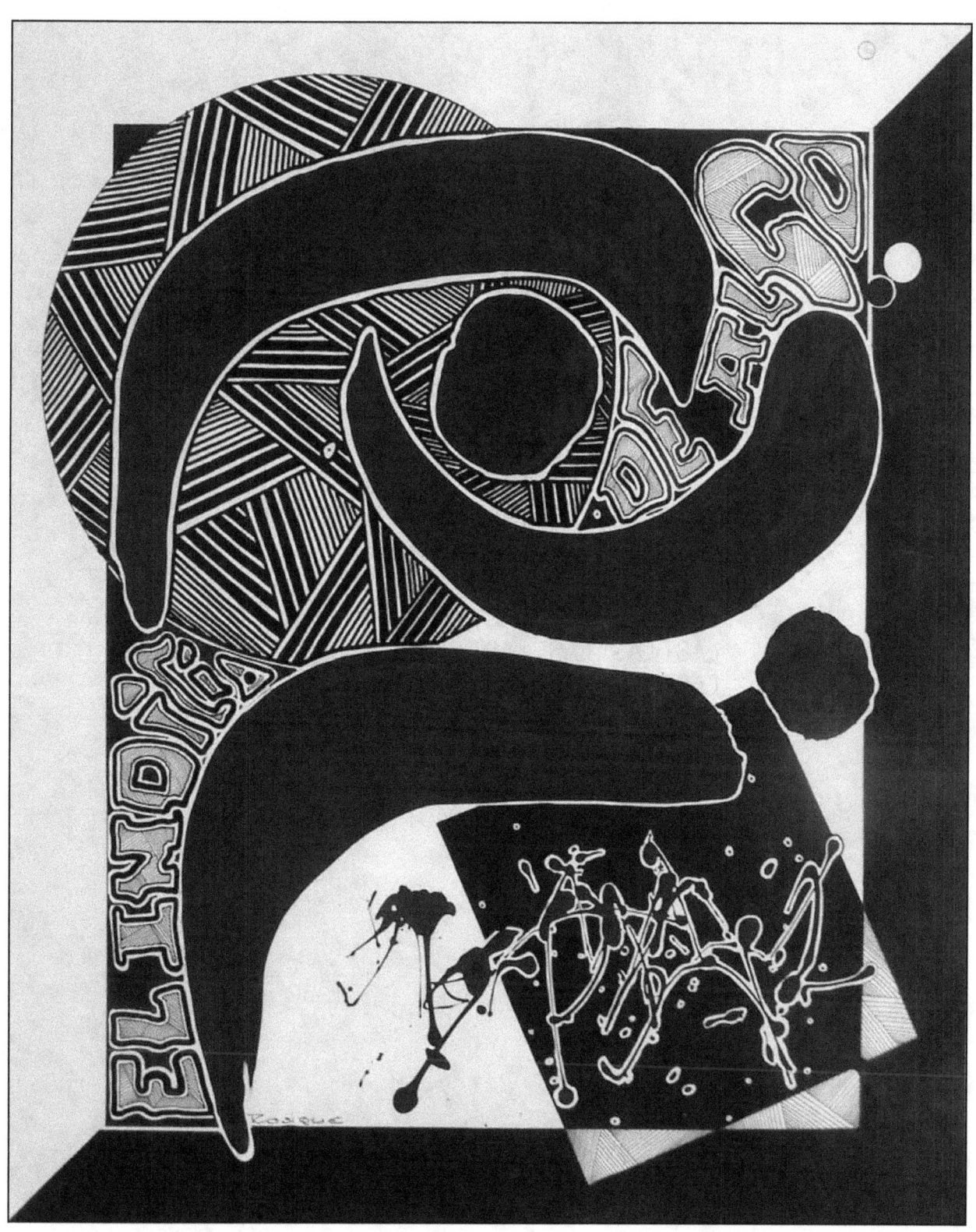

39

LAST
LAST LAST LAST LAST LAST LAST
LAST LAST LAST LAST LAST LAST
LAST LAST LAST LAST LAST LAST
LAST LAST LAST LAST LAST LAST
LAST LAST LAST LAST LAST LAST
LAST LAST LAST LAST LAST LAST
LAST LAST LAST LAST LAST LAST
LAST LAST LAST LAST LAST LAST
LAST LAST LAST LAST LAST LAST
LAST LAST LAST LAST LAST LAST
LAST LAST LAST LAST LAST LAST

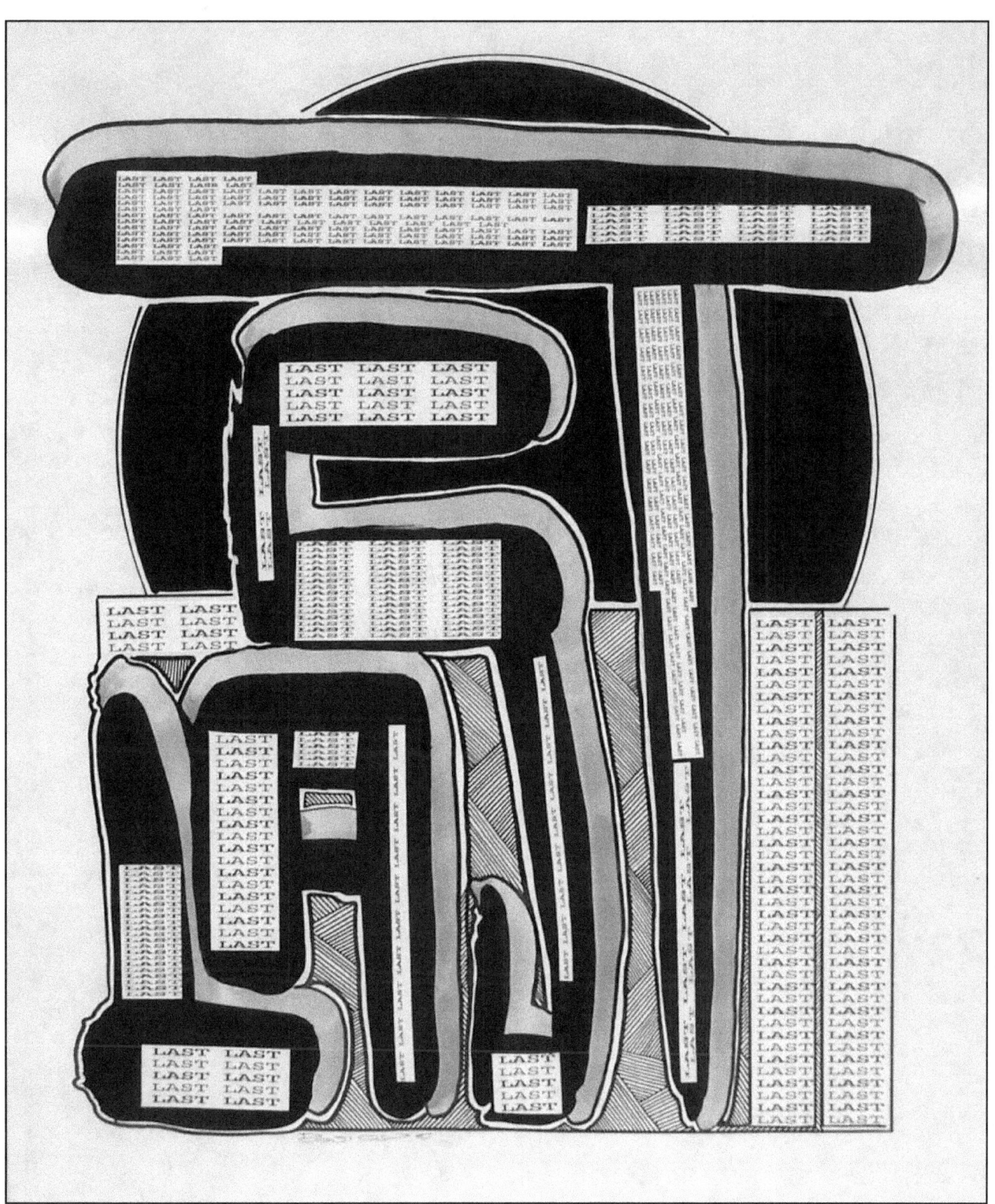

LA LUZ SE VA HACIENDO TENUE
HASTA VOLVERSE SENSACIÓN

SENSACIÓN VOLVERSE HASTA
TENUE HACIENDO VA SE LUZ LA

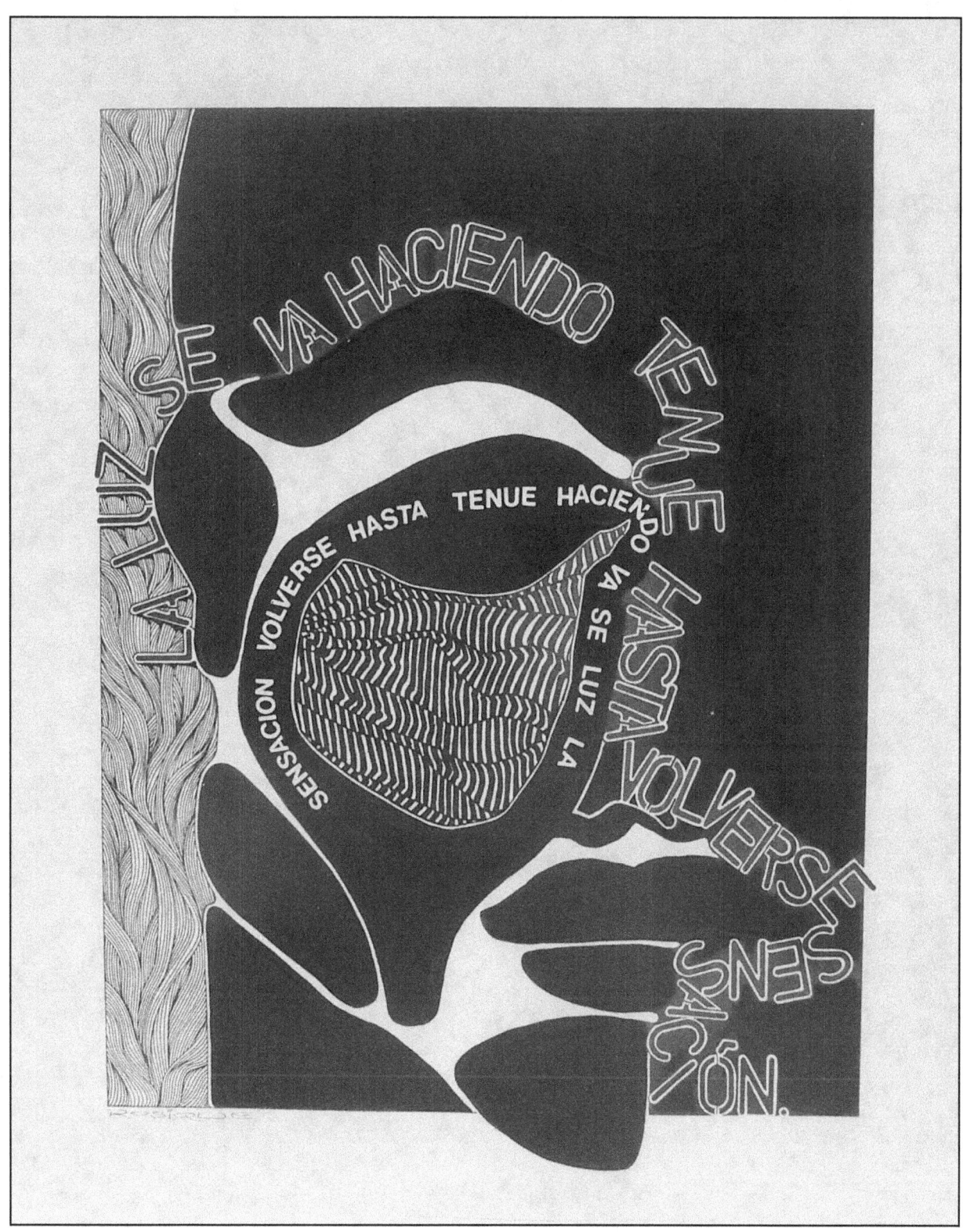

43

IrabvLaaaiss

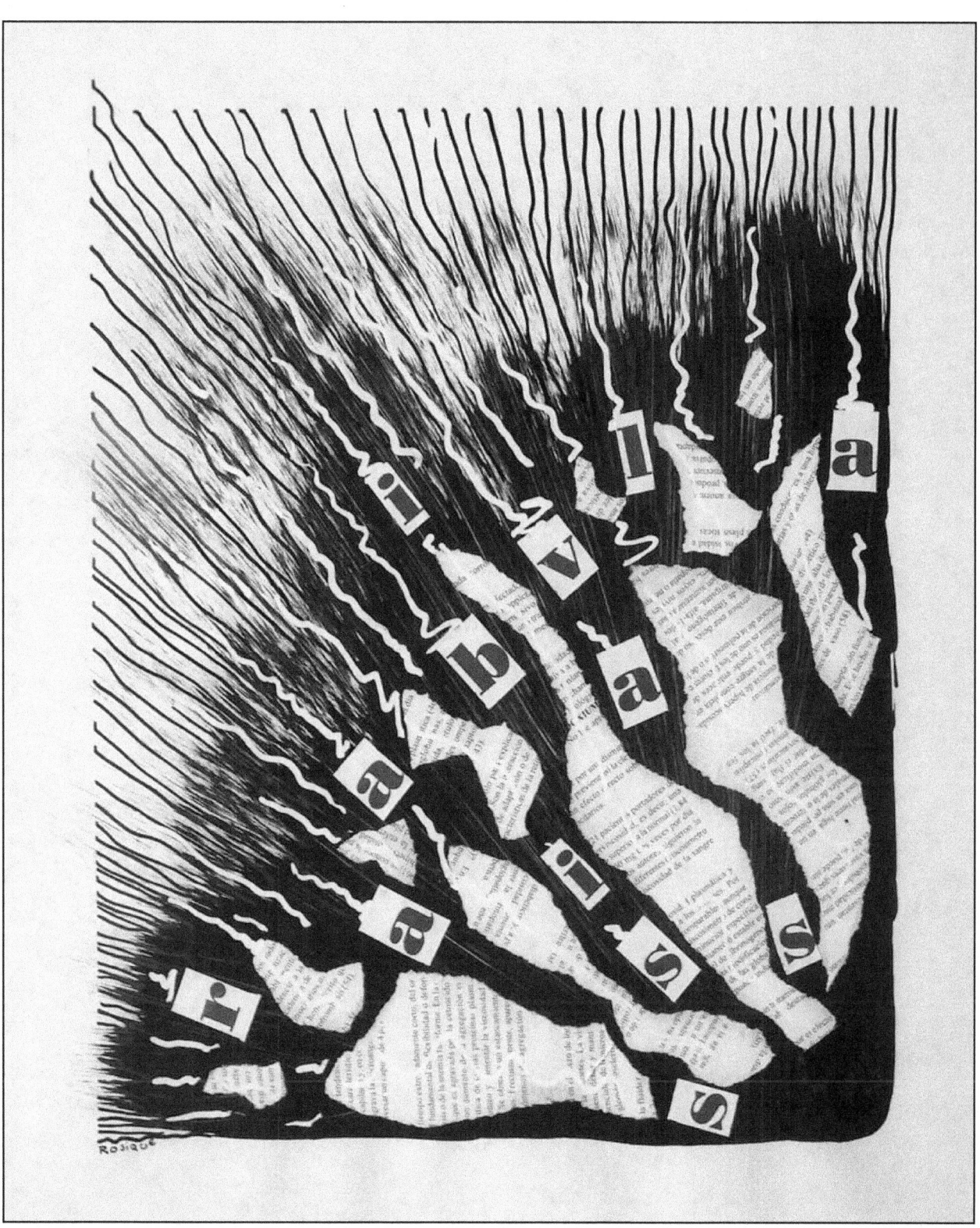

45

EL MURO DELAS INSINUACIONES

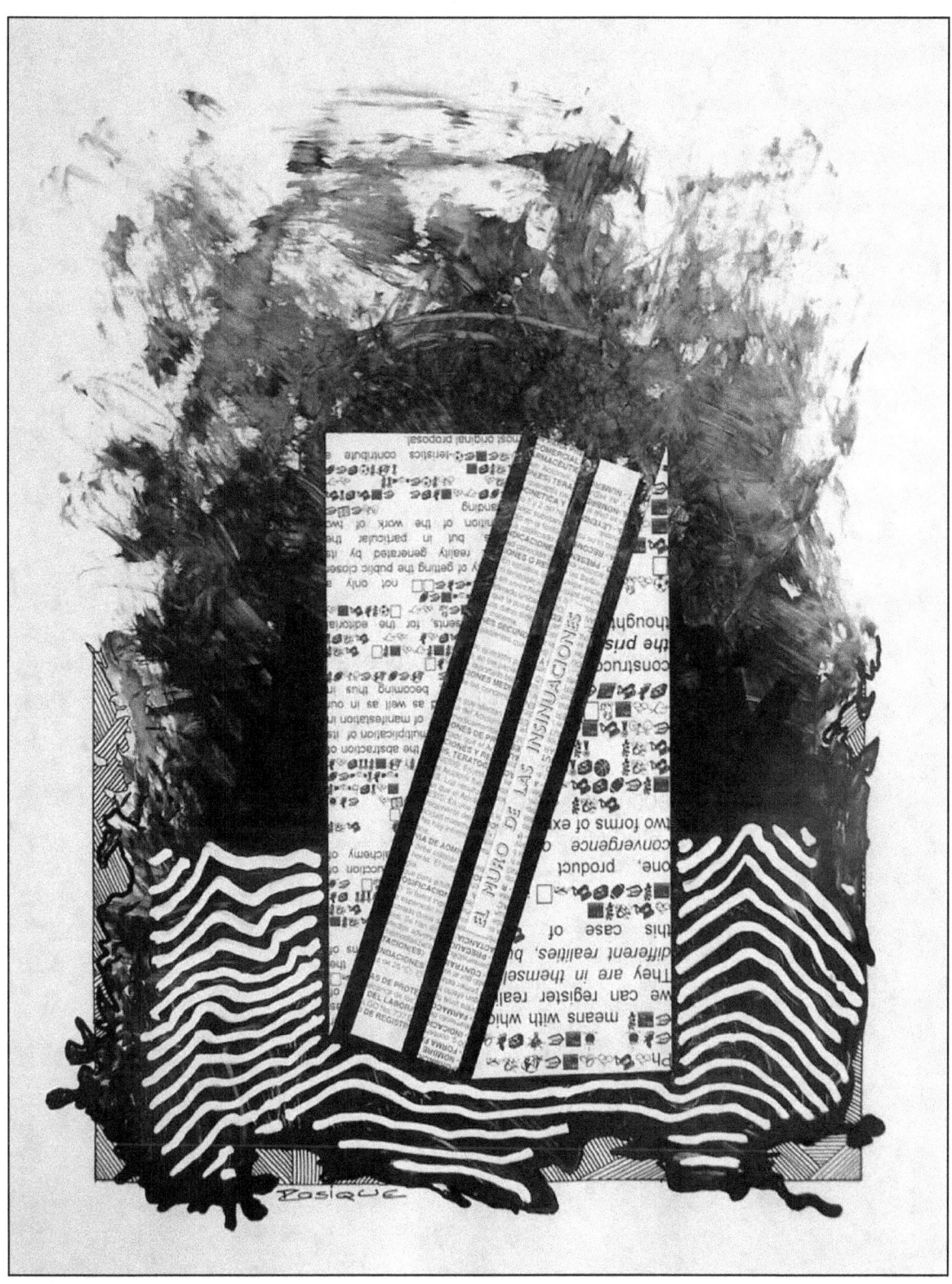

LAS PALABRAS FASTIDIAN LOS
Oídos Si Tienen Por Razón Enjuiciar la
Honestidad,
La estupidez se hace patente y los
falsos Rumores Coronan de Oropel a La
Ignorancia.
El Caos Baila Quitado de la pena y
orgulloso con la Pendejada, en Tanto
Preocupado Instas a redimir con
promesas a la Calamidad.

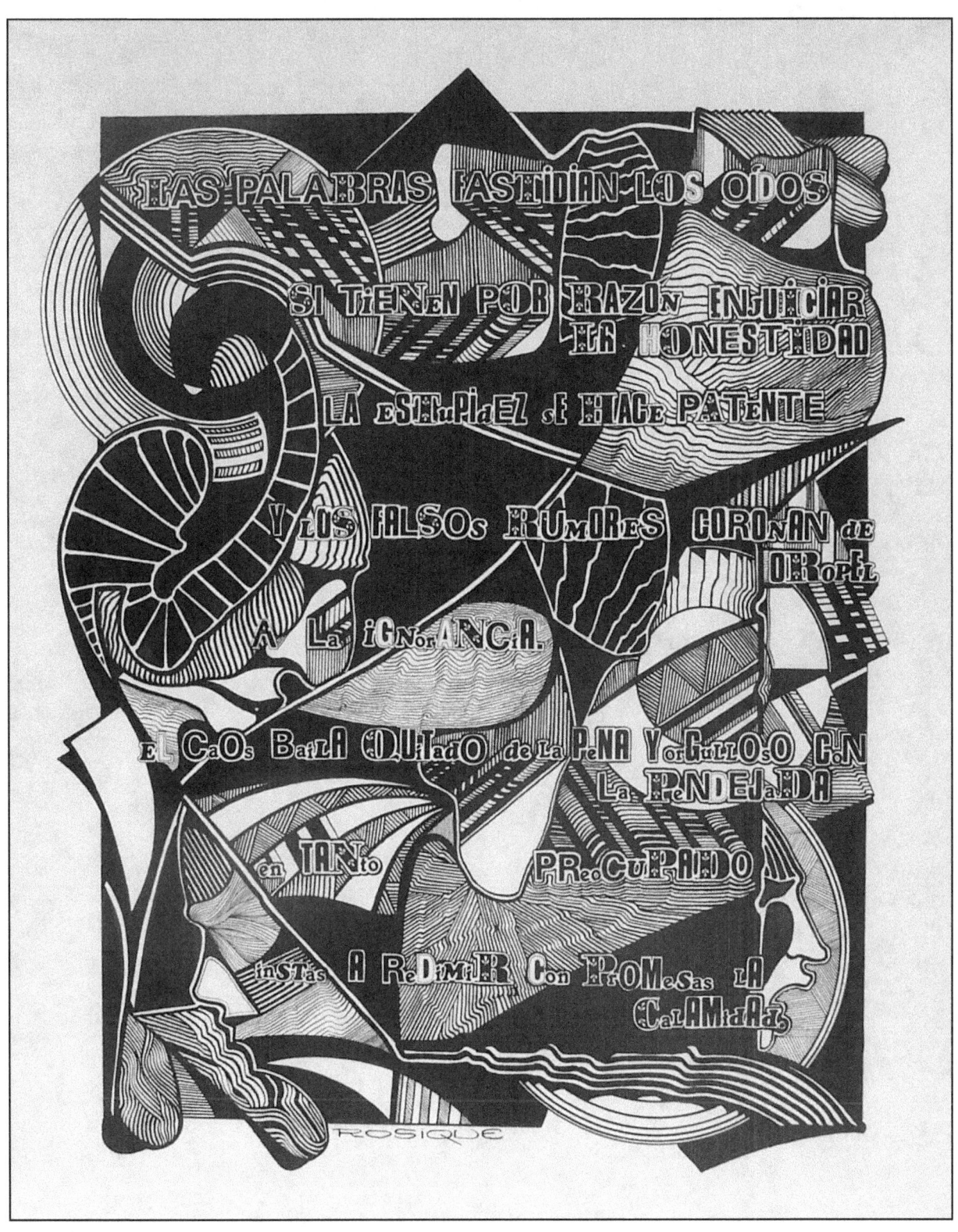

LAS PALABRAS FASTIDIAN LOS OÍDOS
SI TIENEN POR RAZÓN ENJUICIAR
LA HONESTIDAD
LA ESTUPIDEZ SE HACE PATENTE
Y LOS FALSOS RUMORES CORONAN DE
OROPEL
A LA IGNORANCIA.
EL CAOS BAILA OLVIDADO DE LA PENA Y ORGULLOSO CON
LA PENDEJADA
EN TANTO PREOCUPADO
INSTAS A REDIMIR CON PROMESAS LA
CALAMIDAD.

ROSIQUE

year after year
ede SUBSC MAN SUBSCRI BE TO
PULSE FREE WHIT AND GET A
EACH RIPTION

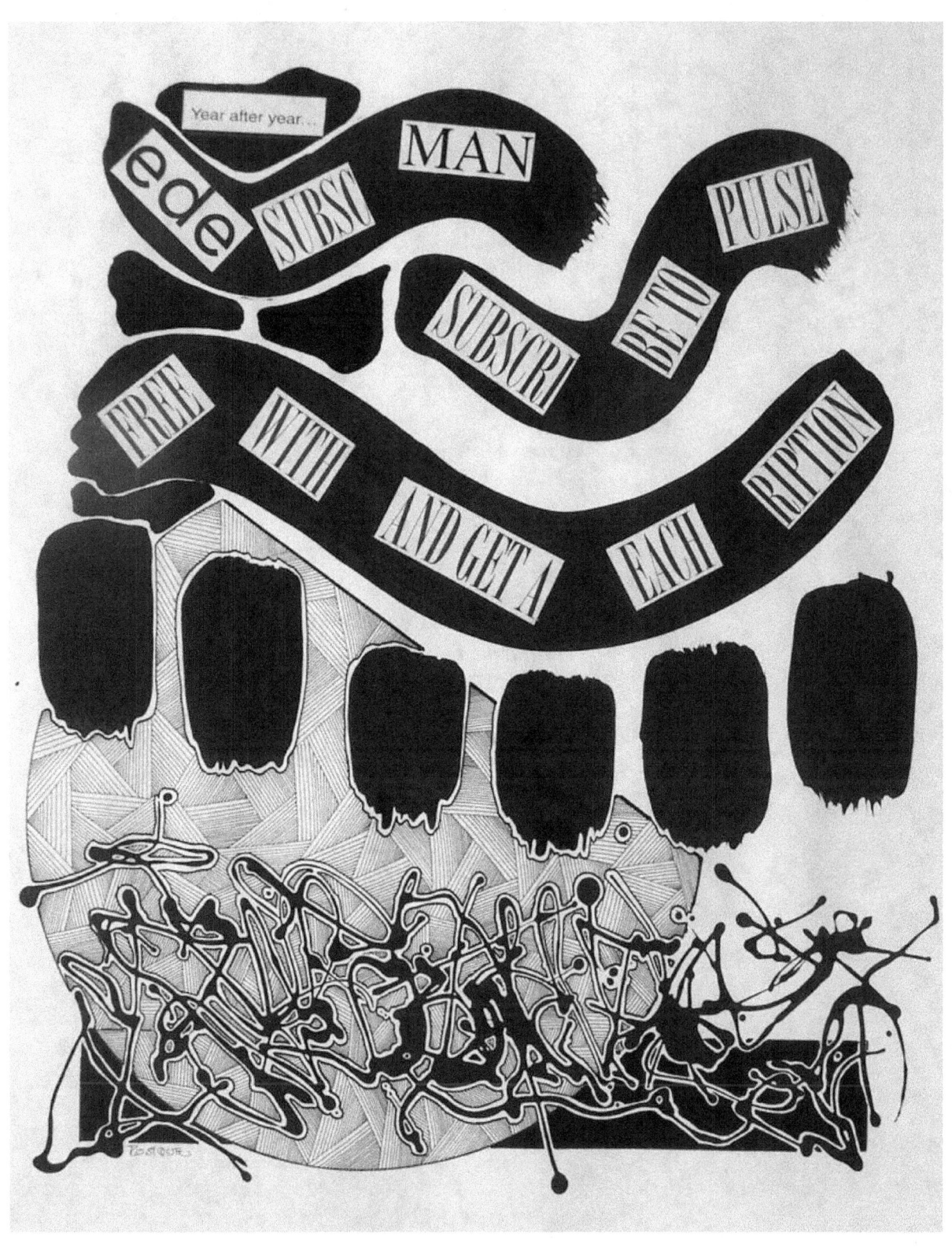

La Ausencia Vislumbra destellos de
indiferencia

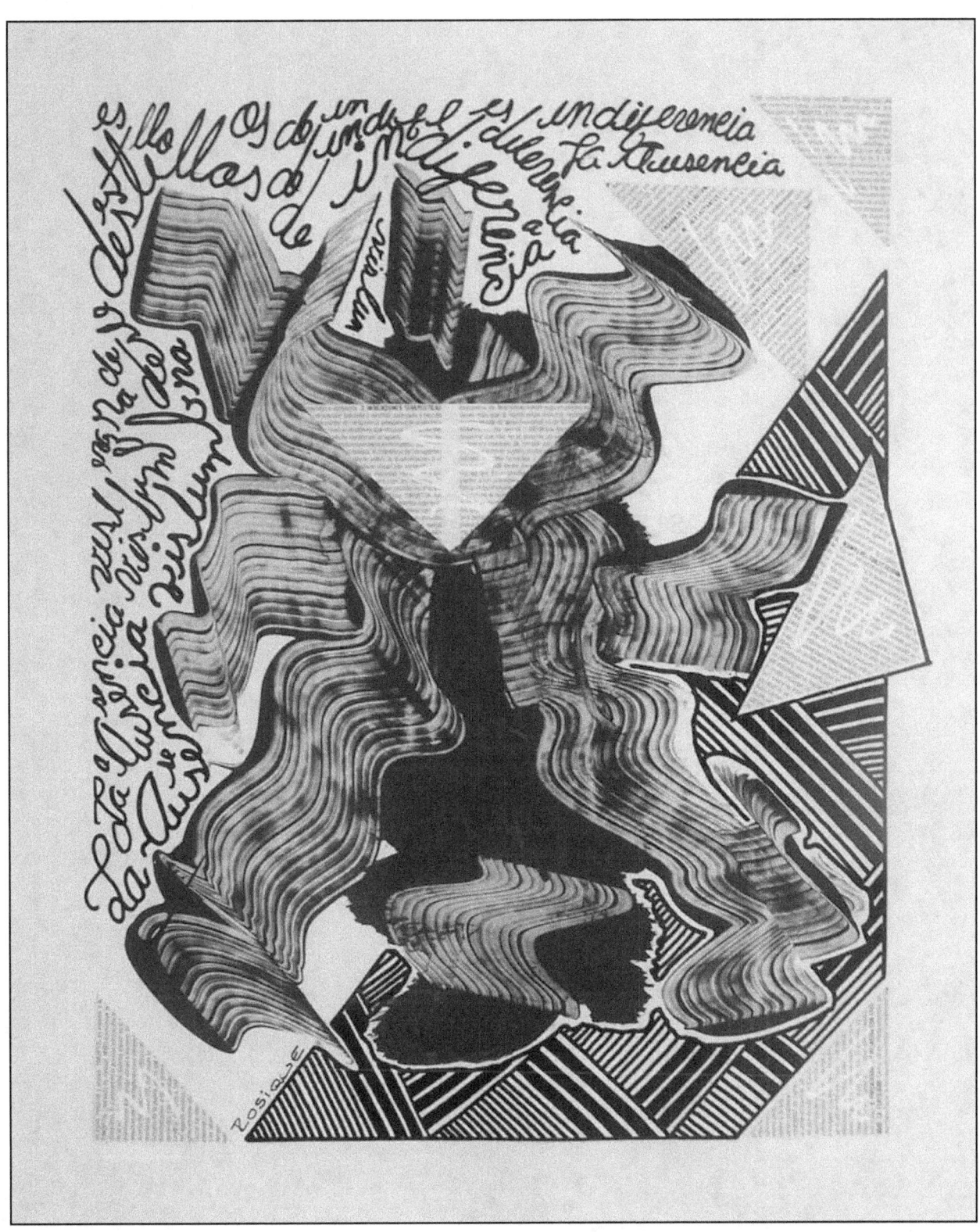

53

CANSADAS DE APATÍA
LAS LEtRaS SE AGRuPaN Y DaN
PaLaBRraS. LaS PaLAbRaS sE AMOtINaN
aL MArASmO Y FoRmAN OrACiOnES.
ÉsTaS AnExAn A OtRaS Se SUbLeBaN,
MAqUILaN IdEaS, CoNjETuRaS O
SaNdEcES QuE FAcsCINaN, aBURrEN O
dDEjAN UnA INcUEStIOnAbLE
INdIfERENCiA. VOLvEMoS A eMPeZAR

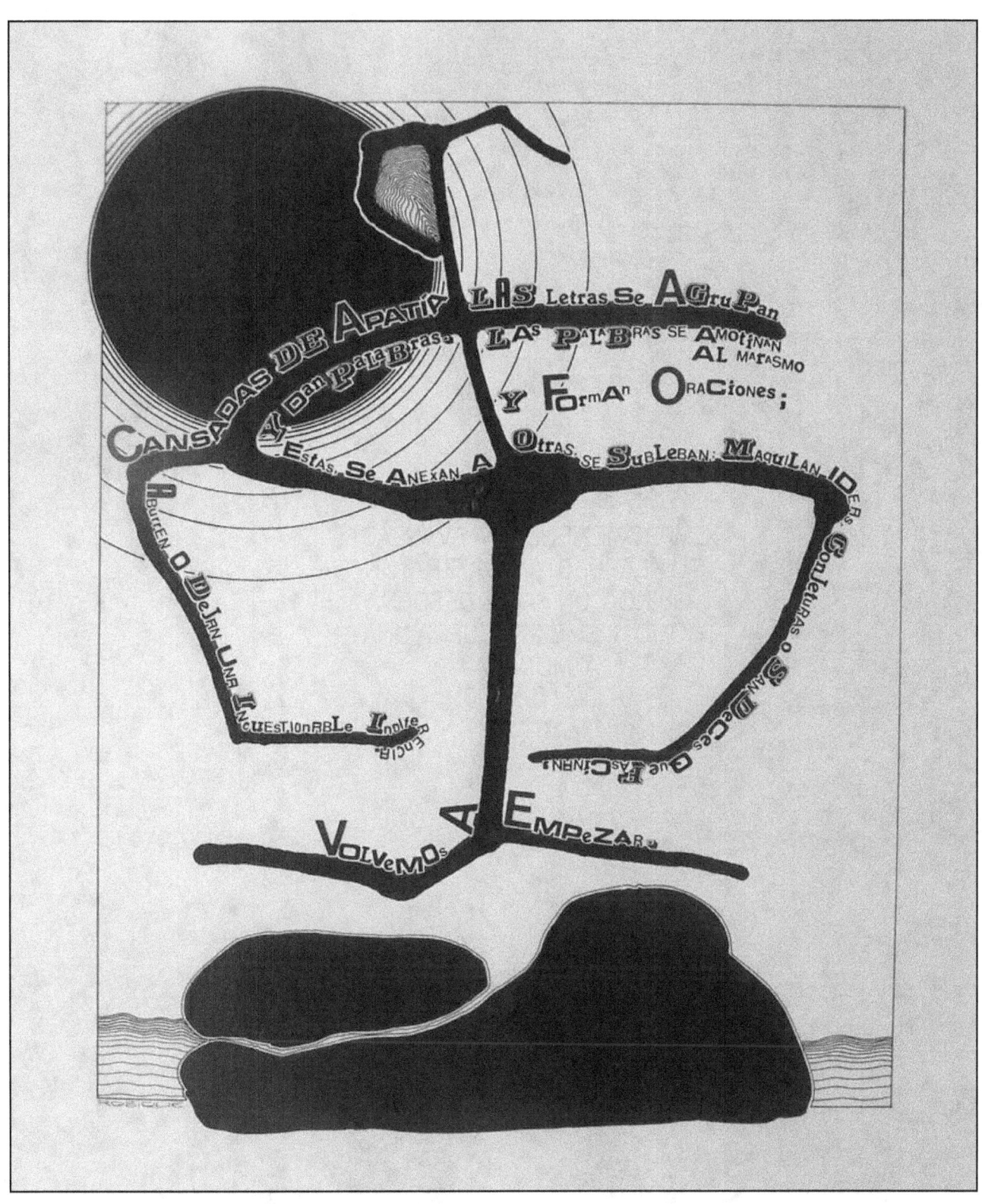

CANSADAS DE APATÍA LAS Letras Se AGruPan Y Dan PalaBras; LAS PALaBRas Se AMotiNan AL MaraSMO Y FormAn OraCiones; Estas Se ANexAn A OtraS Se SuBLeBan: MaquiLaN-IDEAs ConJeturas o SanDeCeS Que LAS CiNnN; R BurrEn O DeJaN UNa INCuesTionABLe INolfe aEnciA. VolVeMOs A EmPeZAR.

COMPROMETIENDO LA AVANZADA,
TU RESPUESTA CICATERA: UN
GUIÑO Y UN FALAZ DESDÉN.
COMO SI EL ÉXITO FUERA UNA
ALMONEDA.

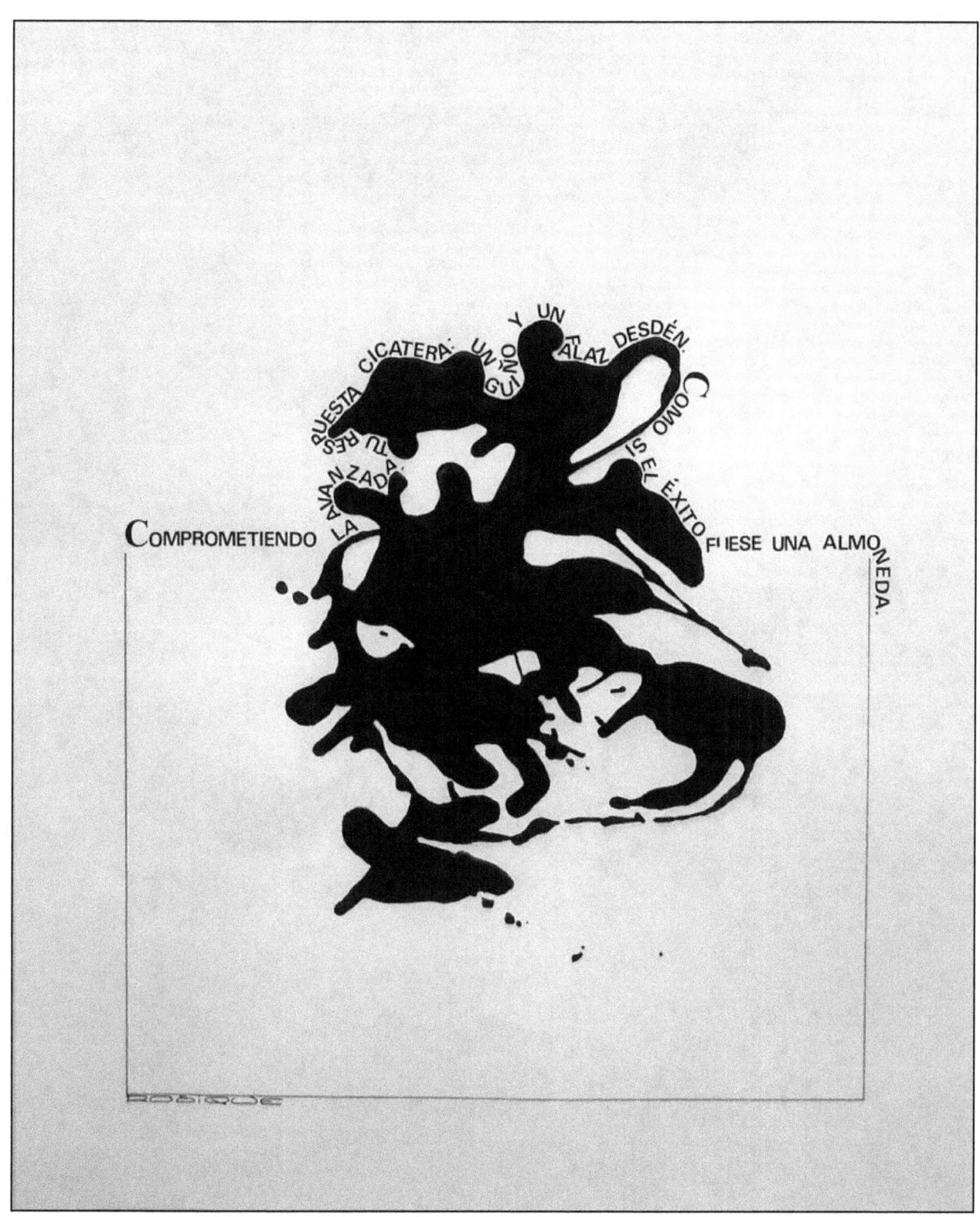

COMPROMETIENDO LA ... PUESTA CICATERA: UN ... GUI ... TU RES ... AVANZADA ... Y UN ... LAZ DESDÉN. COMO ... IS EL ÉXITO ... FUESE UNA ALMONEDA.

BOSQUE

57

X o Y

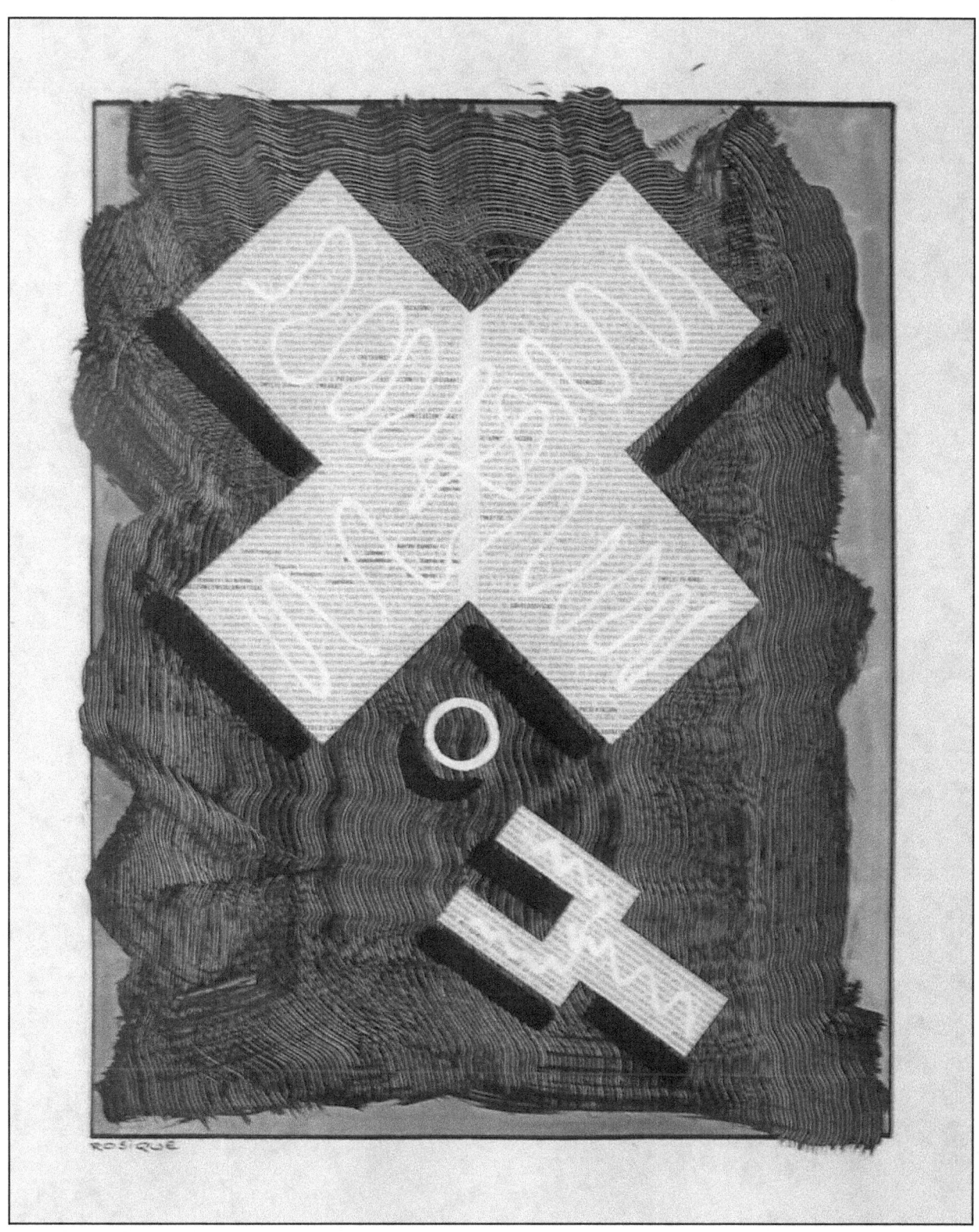

La Elevada Amistad de Golpe se Topó
con la Abrupta pendiente, sin remedio
Alguno se sumió en un Profundo
Olvido. Como la Solidez de su
Honestidad era Infranqueable
ascendió nuevamente, sin mucho
Esfuerzo la Encontró, le dio un Abrazo
y se Amistó de Nuevo.

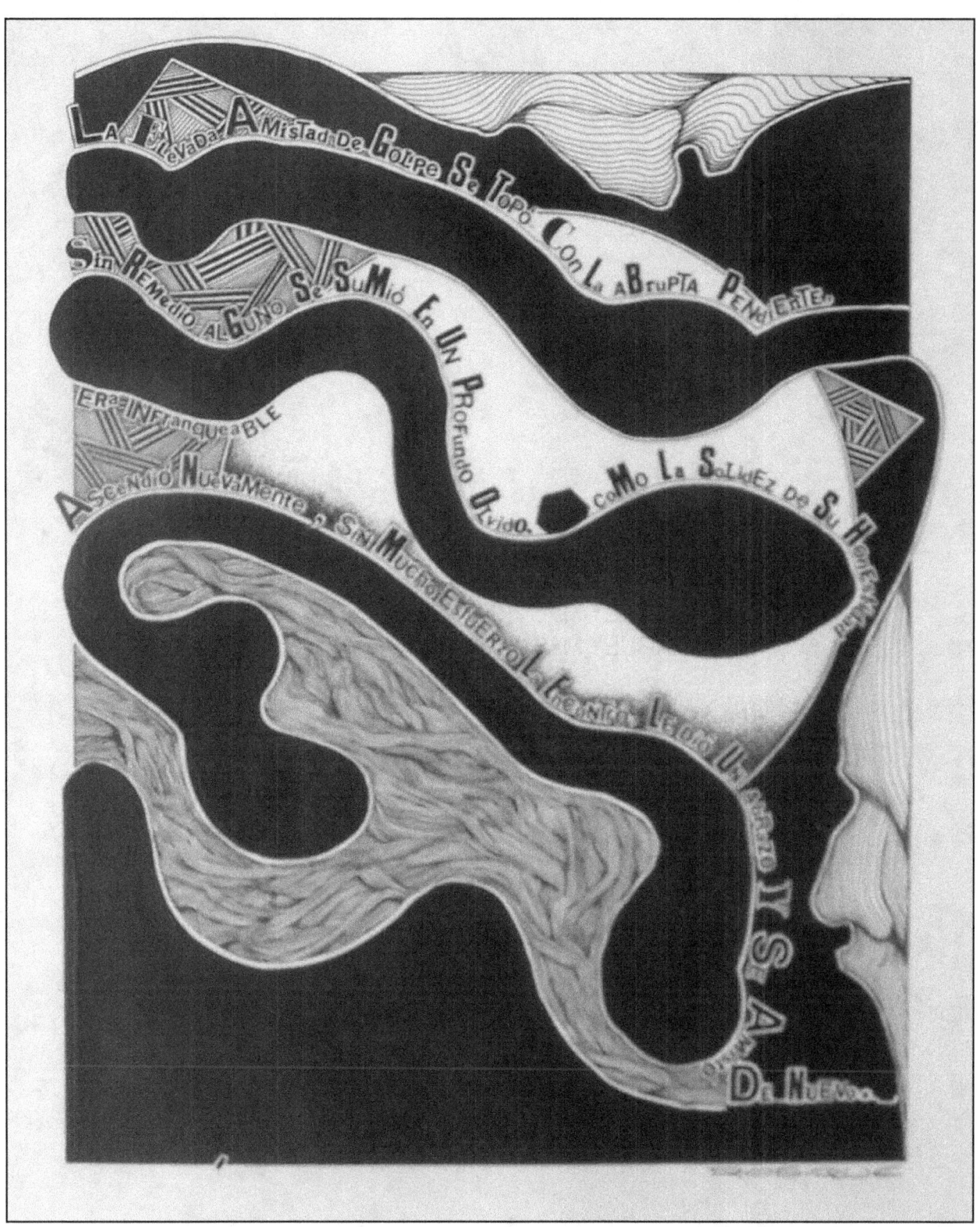

MAGUEY MAGUEY MAGUEY
MAGUEY MAGUEY MAGUEY

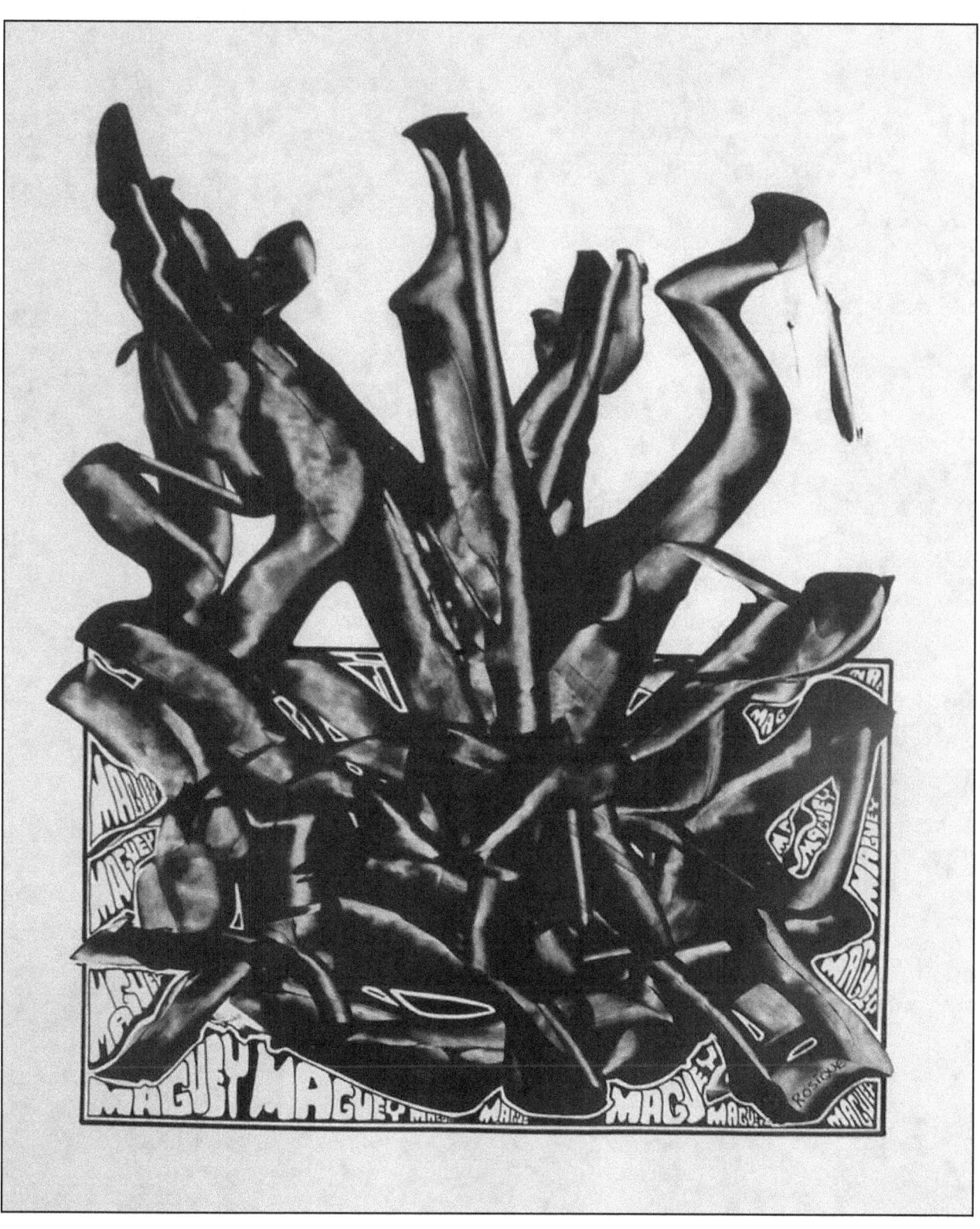

Ayer, mesurada elegancia *Hoy desmedida cursilería* Consecuente en la locura *Reprocha la sensatez* Solidari al desmadre *Y aislado del orden* Terminaste con el aroma a vida *Inicia el hedor a muerte*

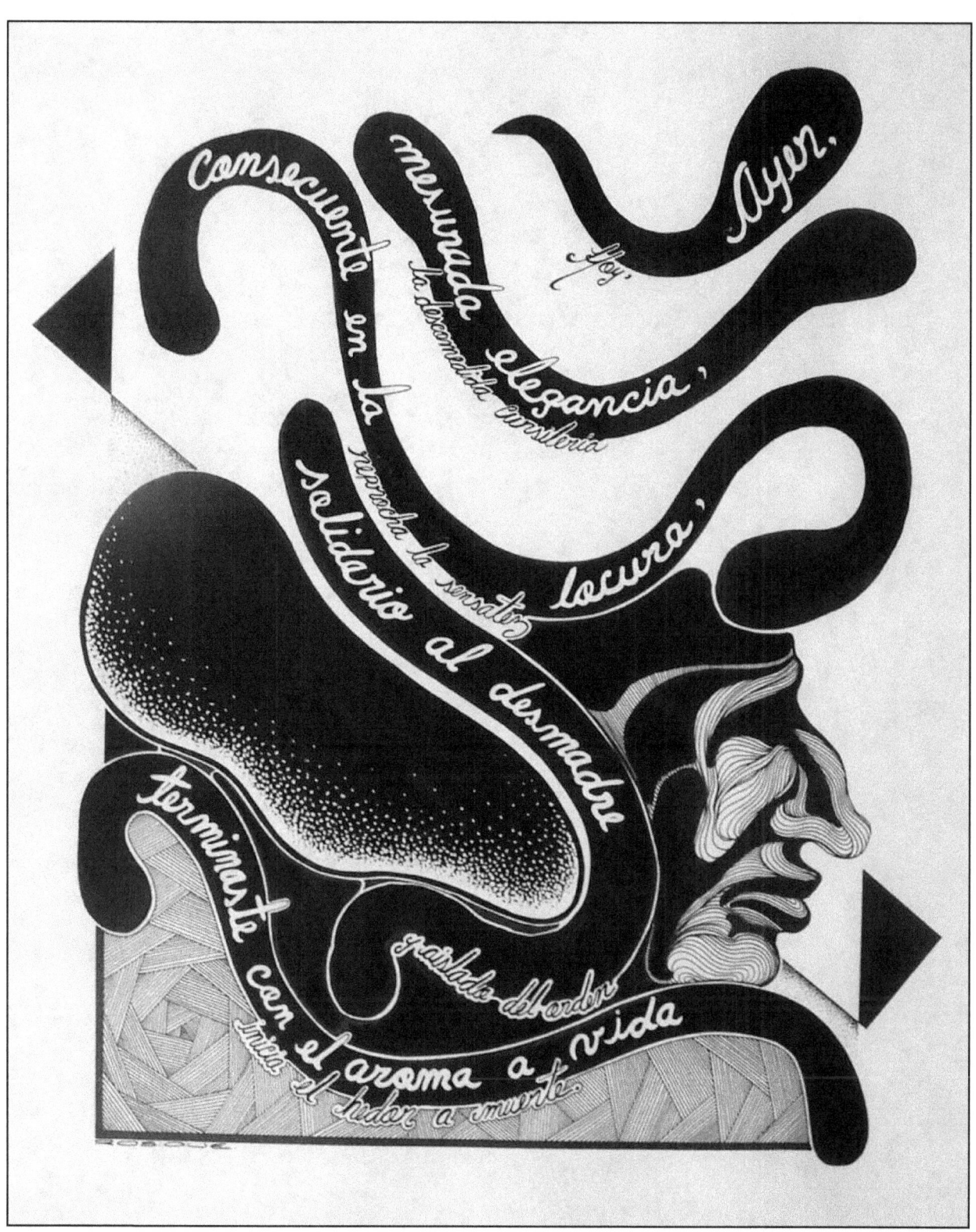

Consecuente en la mesurada elegancia, la descomunida histeria reprocha la sensatez solidario al desmadre Hoy, Ayer. locura, terminaste con el aroma a vida y aislado del orden junto el hedor a muerte.

65

PALABRAS AHOGÁNDOSE EN LA
CLANDESTINIDAD DE LA IDIOTEZ

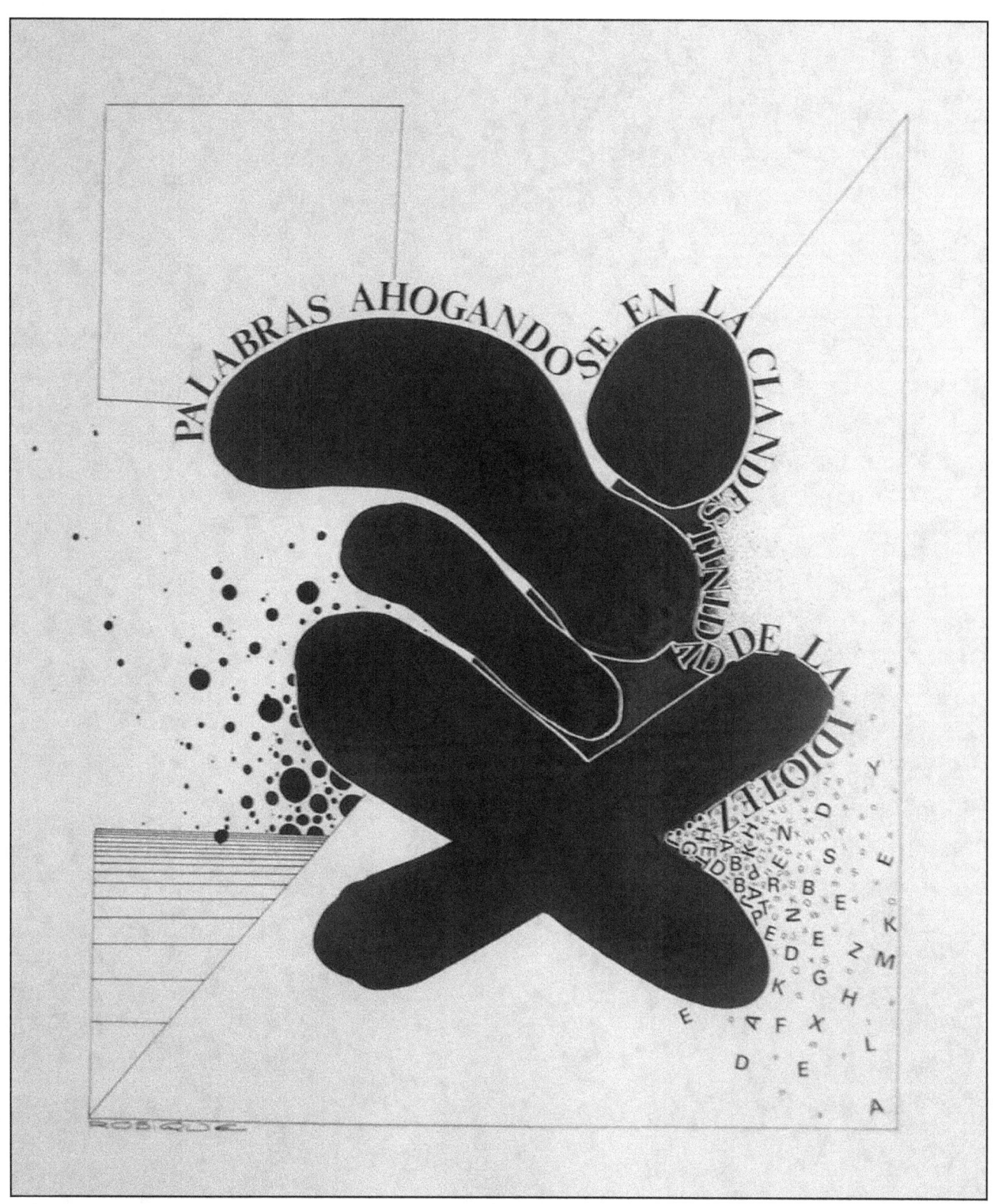

PALABRAS AHOGANDOSE EN LA CLANDESTINIDAD DE LA IDIOTEZ

67

¡ OH ¡

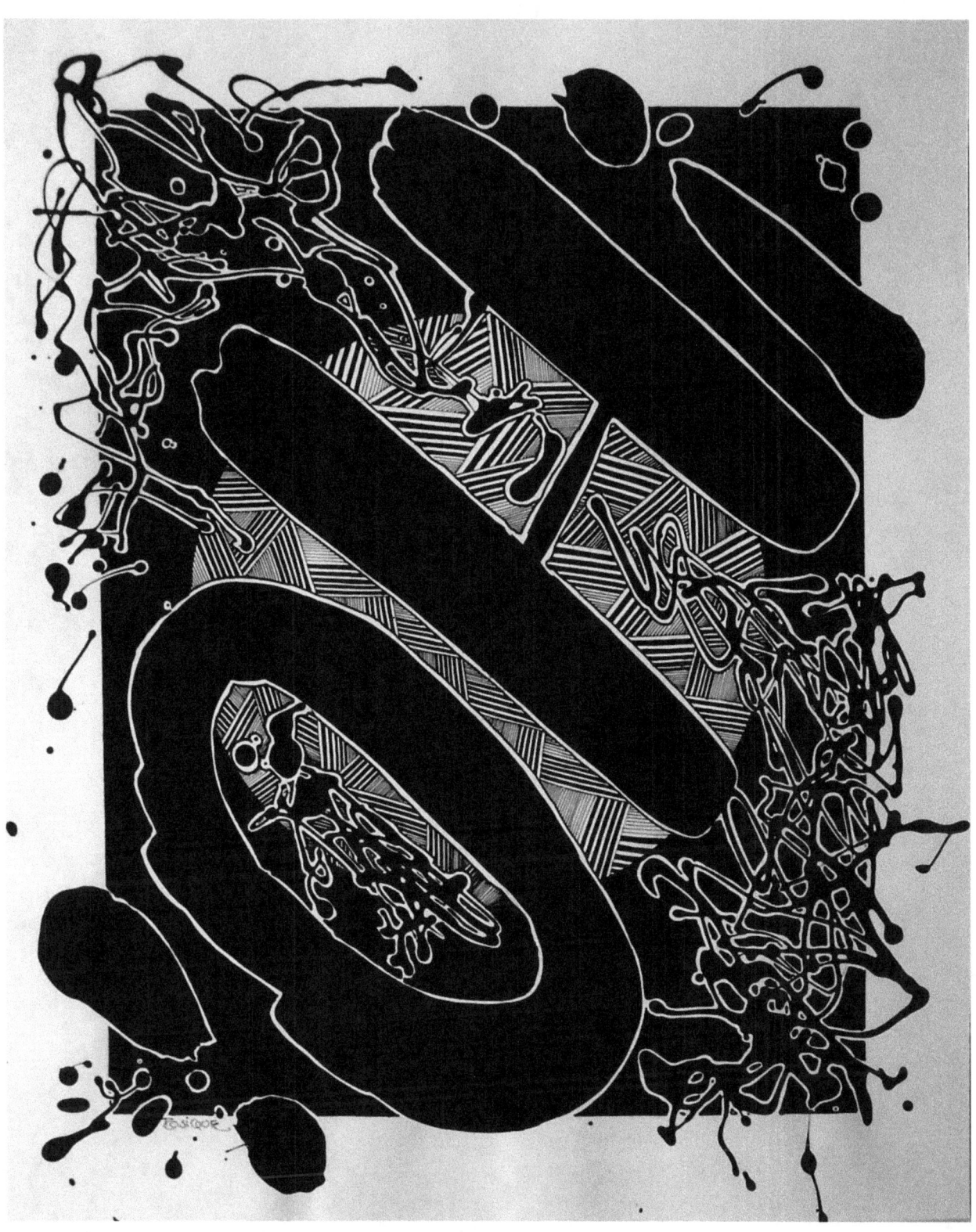

69

Ríe
RIERIERIERIERIERIERIERIERIER
IERIERIERIERIERIERIERIERIERI
ERIERIERIERIERIERIERIERIERIE
RIERIERIERIERIERIERIERIERIE

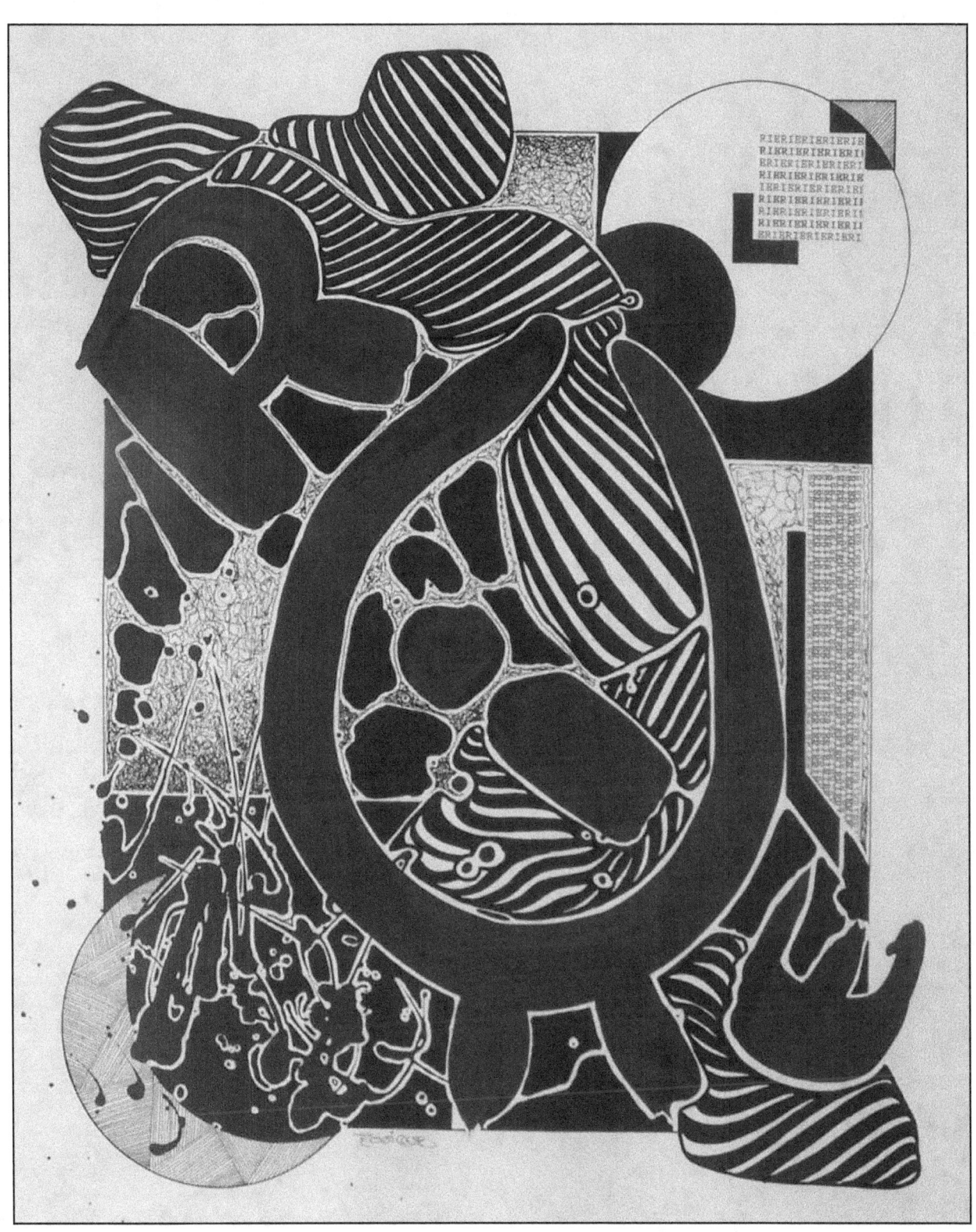

Sin dudas tendrás la misma oportunidad

SIN DUDA TENDRÁS LA MISMA OPORTUNIDAD

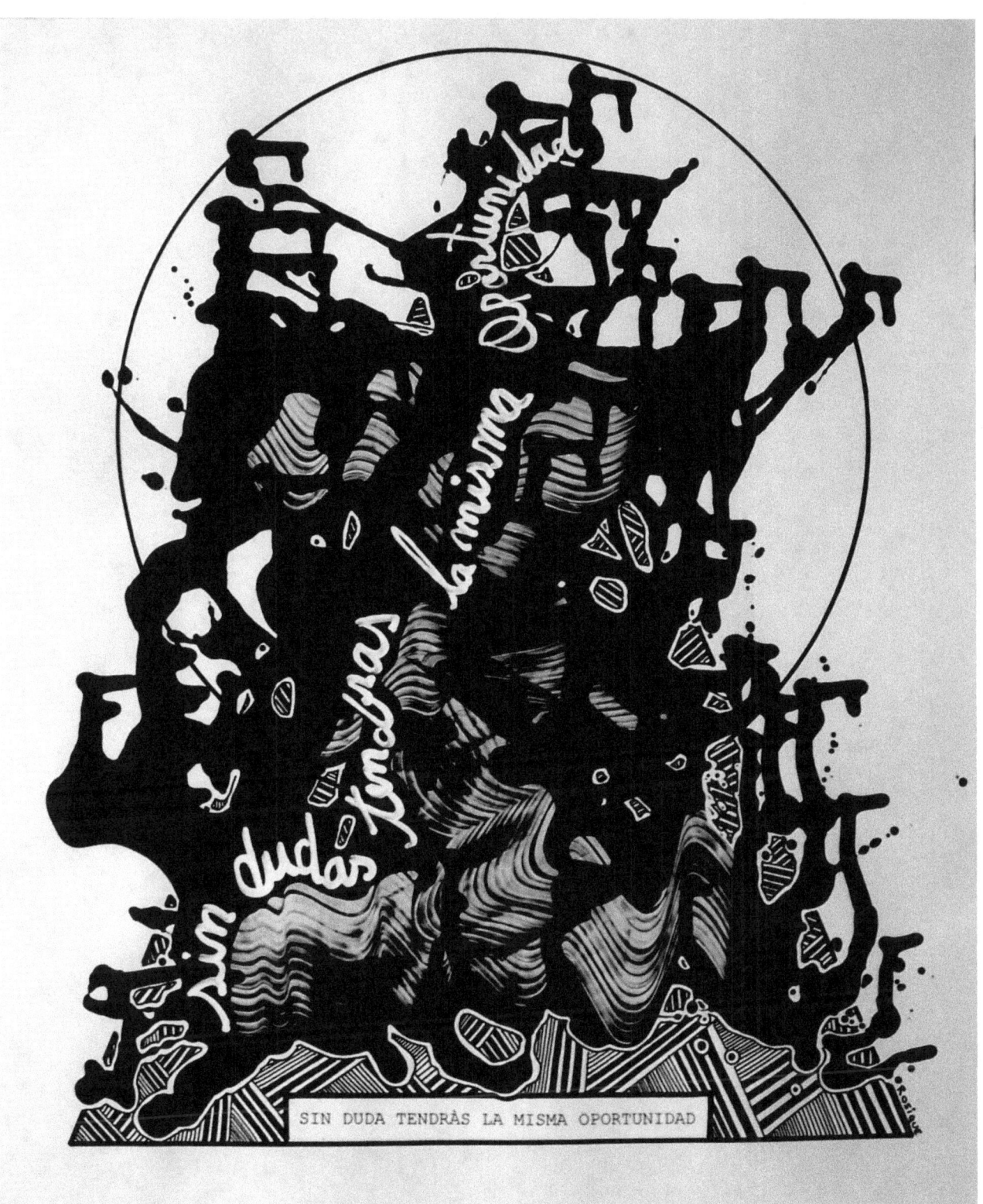

SIN DUDA TENDRÀS LA MISMA OPORTUNIDAD

73

LAS PALABRAS VISIVAS DE LA VOZ VACUA

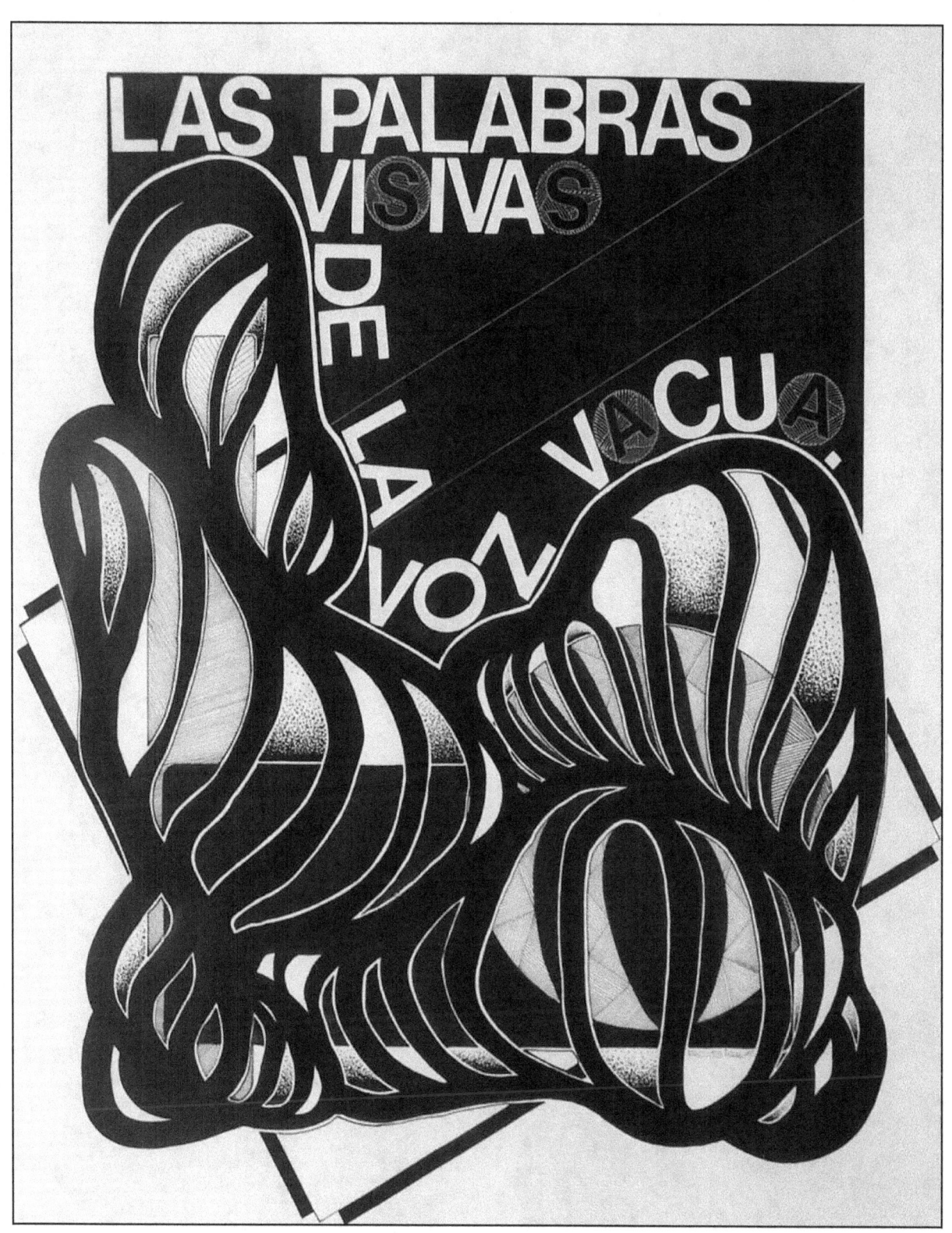

EL DEDO QUE SEÑALA A LA
INCERTIDUMBRE YACE DORMIDO…

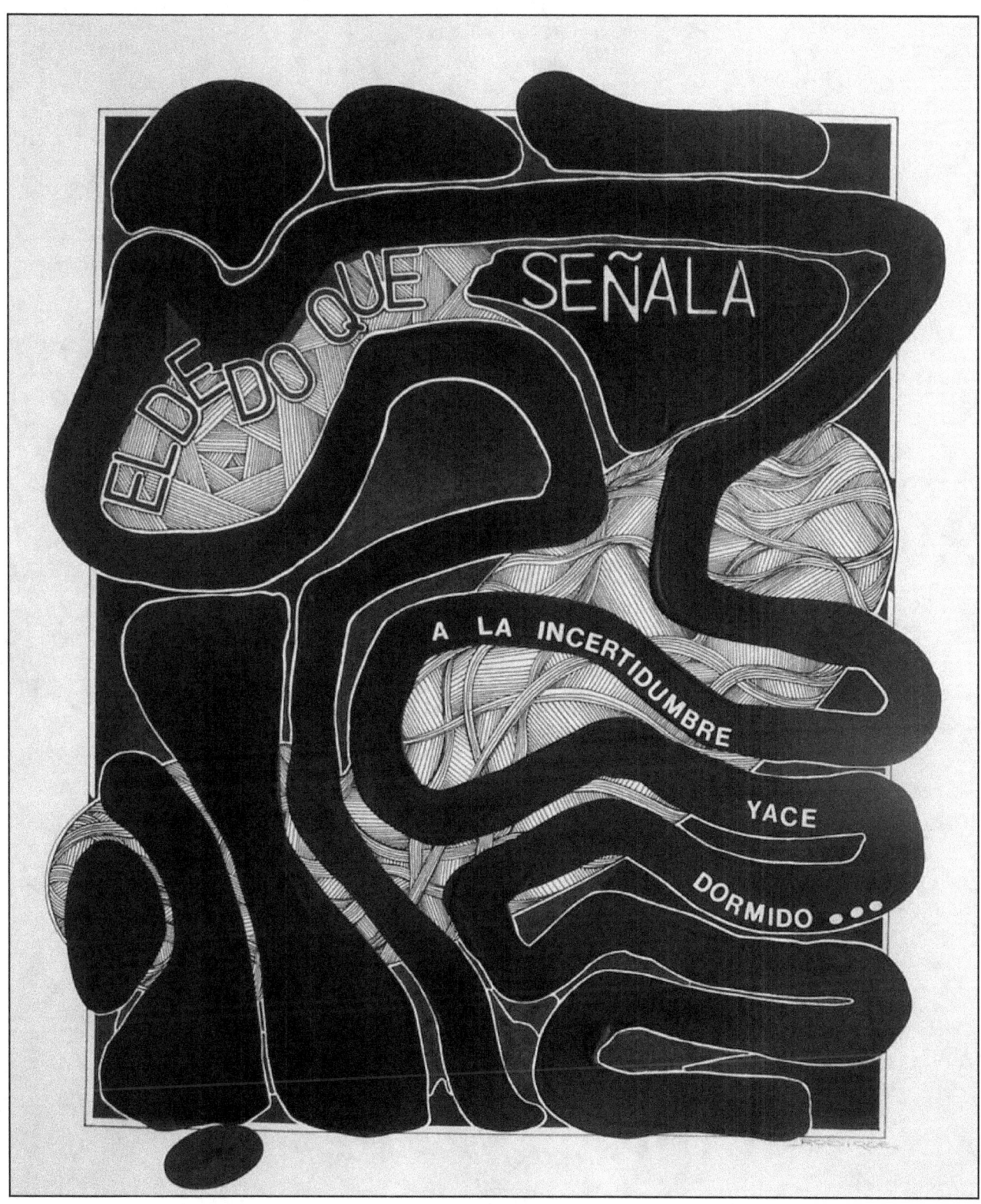

No Hubo Forma de Mirar Atrás, Cuando Decidiste no había Nada. Se esfumó de Tal Manera El pasado que esa Aparente Huella no es de Aquél, Es De Hoy. La Forma Volátil de Vivir el presente Deja Que pensar Para el Futuro, Los Tiempos Como Los Años Siguen Acompasados y Rítmicos, Con Iguales tiempos, Similares Años. La vejez Que se Avecina Precipita La Vida, HACE segundo de los Días, Horas de Los meses, días de Los Años. Cuando La Abonada Semilla Florece, Los Motivos de Tu Acción se Cristalizan. Cuando has Concluido La Premura No Pierde Su Sentido, recompensa

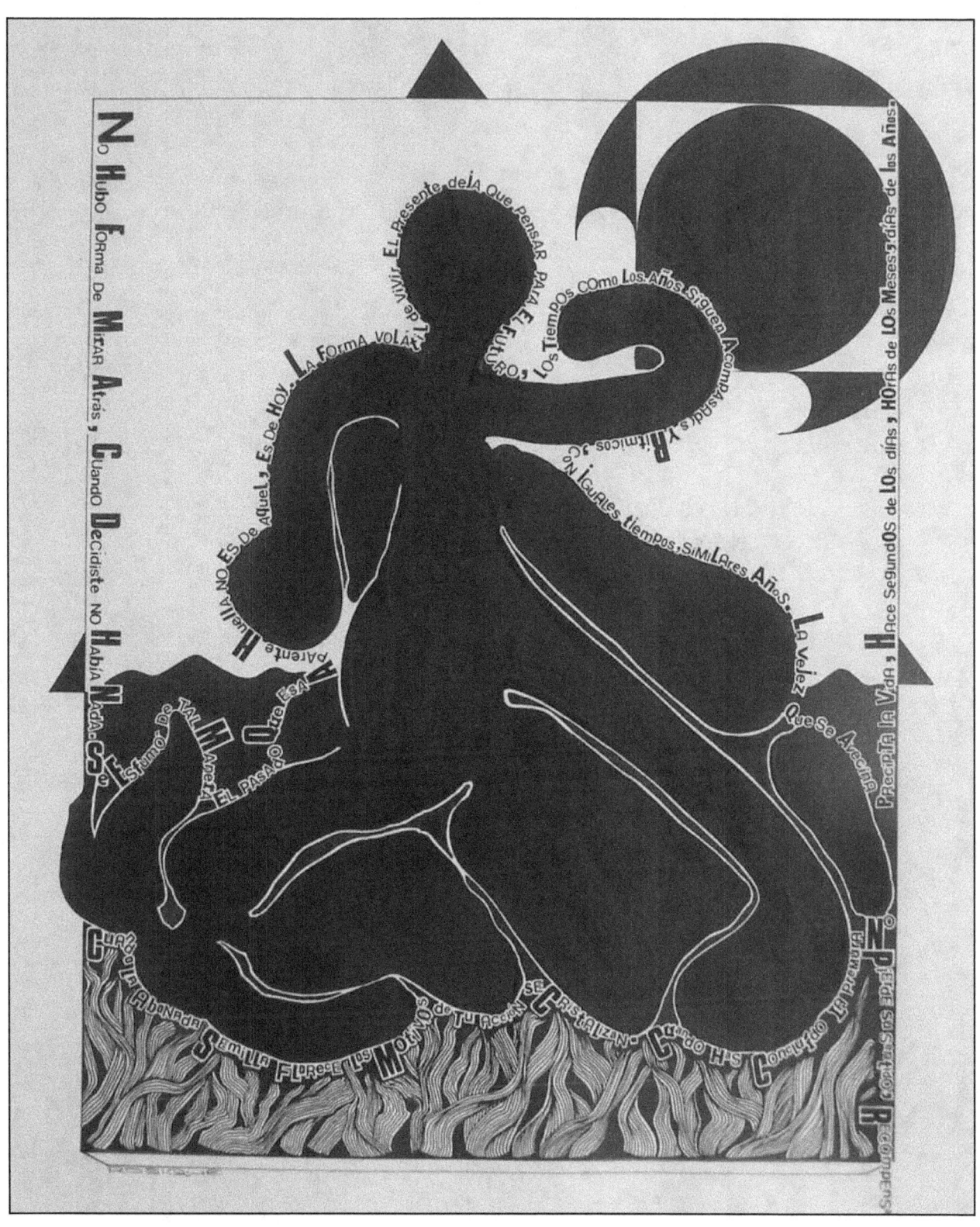

NO HUBO FORMA DE MIRAR ATRAS, CUANDO DECIDISTE NO HABIA NADA.

EL PRESENTE DE LA QUE PENSAR PARA EL FUTURO, LOS TIEMPOS COMO LOS AÑOS SIGUEN ACOMPASADOS Y RITMICOS, CON IGUALES TIEMPOS, SIMILARES AÑOS. LA VEJEZ QUE SE AVECINA PRECIPITA LA VIDA, HACE SEGUNDOS DE LOS DIAS, HORAS DE LOS MESES, DIAS DE LOS AÑOS.

LA FORMA VOLATIL DE VIVIR

HOY NO ES DE AQUEL, ES DE HOY. LA FORMA VOLATIL DE VIVIR

PATENTE HUELLA QUE ESA ES MI QUE EL PASADO

SE ESFUMO DE TAL MANERA

CURTIDA LA ABONADA SEMILLA FLORECE LOS MOTIVOS DE TU ACCION SE CRISTALIZAN CUANDO HAS CONSUMIDO LA PACIENCIA NO PELIGROS COB...

79

No es Como Prometeo desviscerado por el águila ni Como Júpiter Devorando a sus Hijos, Esta Crueldad tan ÍNTIMA y ésta insatisfacción Desmesurada engulle las Entrañas, los Actos, para Vomitarlos y dar Pie a La Subsistencia Enmendando Su Propio Sufrir.

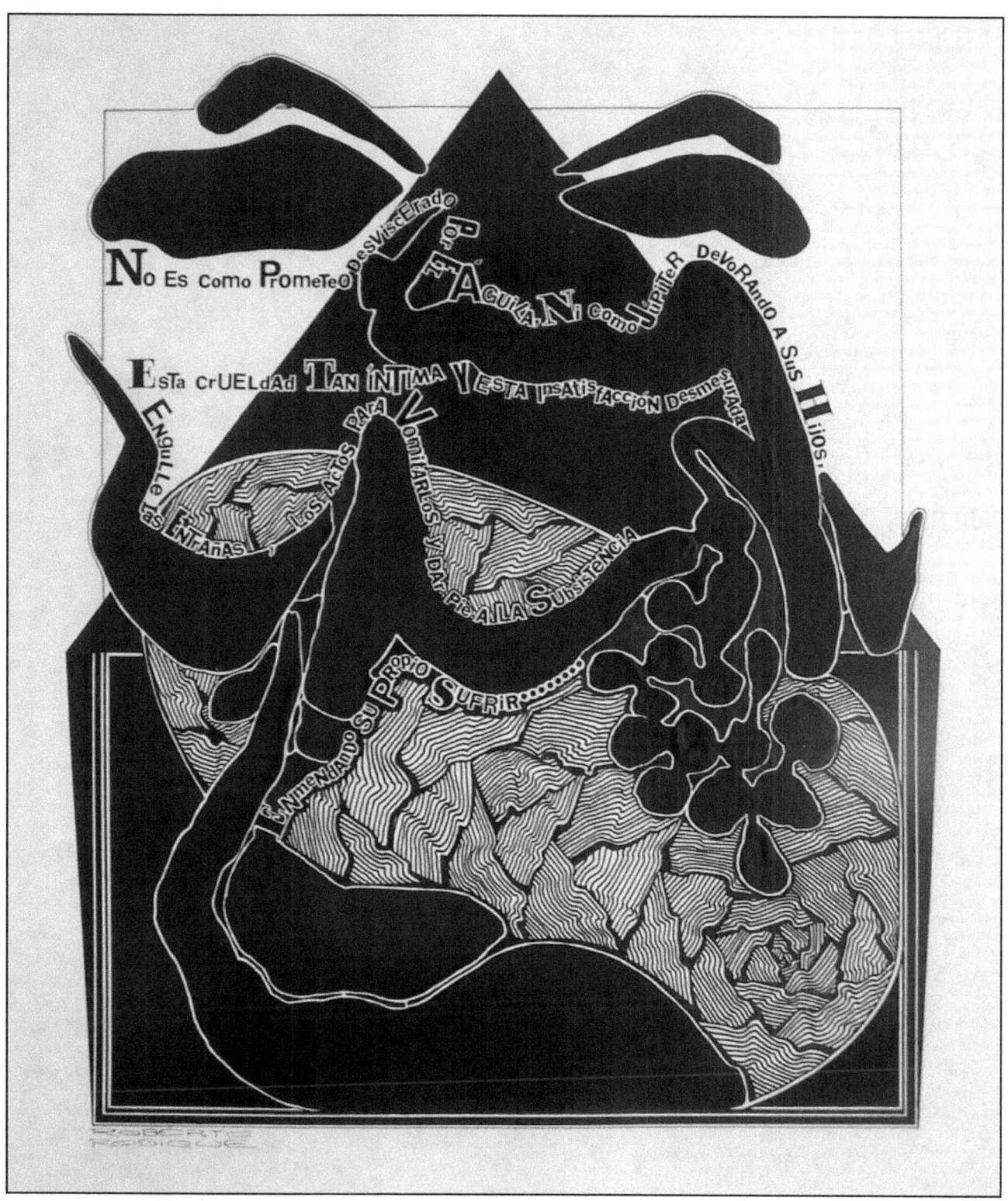

No Es como Prometeo desVisCErado Por EL ÁcuiLA, Ni como Júpiter DeVoRAndo A SuS HIjos, EsTa CrUELdAd TaN íNTIMA Y ESTA INsAtisfACCióN desmesurada ENGuLLE LAs ENTRañas, LoS ACTos PaRa VomiTARLoS Y dar Pie A LA SubsisTENCIA ENMeNdaNdo SU PRopio SUFRIR

Inmerso En Un Oscuro Rincón de la cordura
Quieres Olvidar la Necedad, Retocas con
Intención Pausada los Errores y aún
Engañado Buscas con Ahínco, con la Furtiva
Esperanza del Milagro la Razón que Mitigue
el Dolor de la Verdad

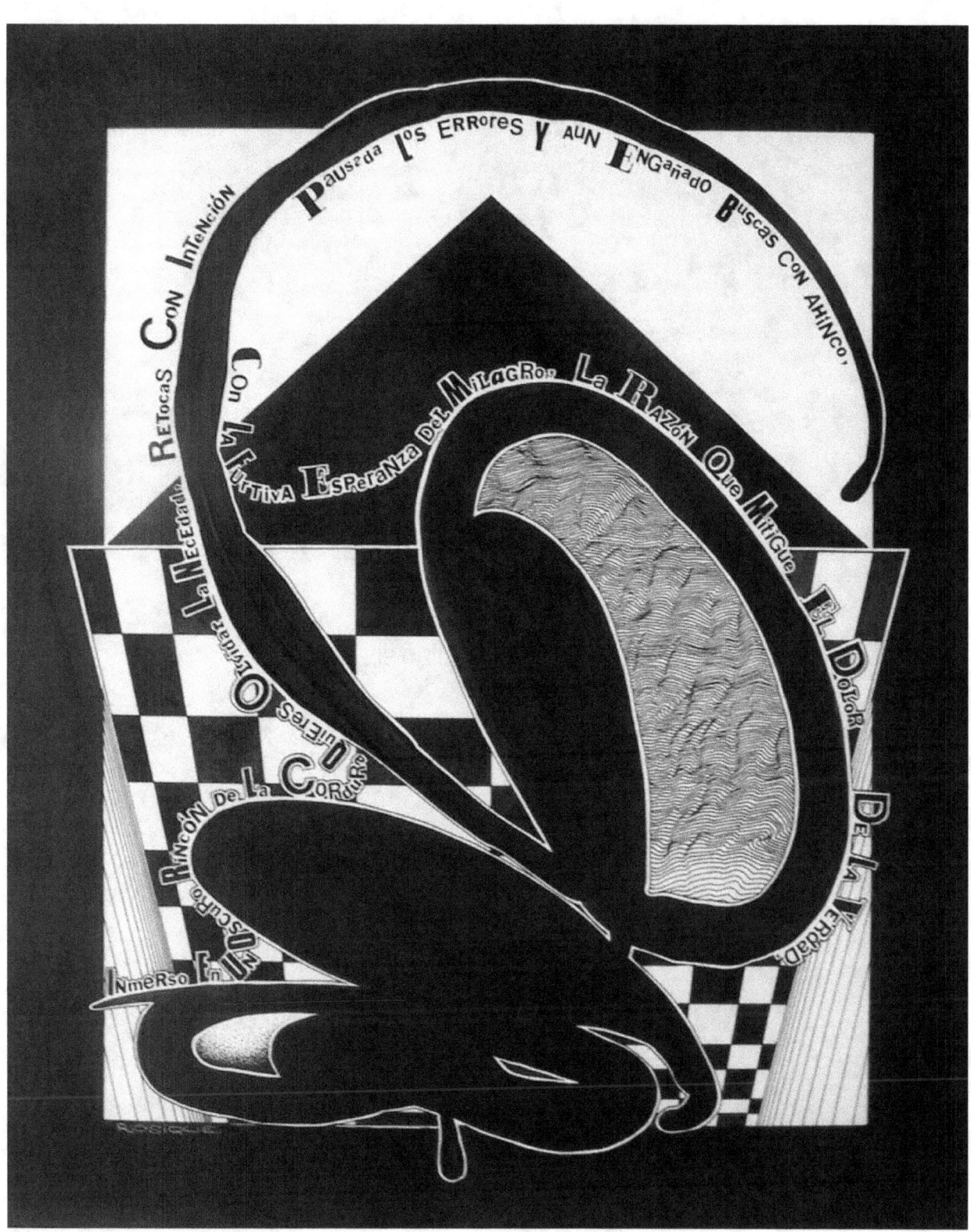

83

LAS PALABRAS SIN VERBO SON COMO
UN REPROCHE INÚTIL,
COMO UN ABSURDO QUEJIDO SIN
DOLOR

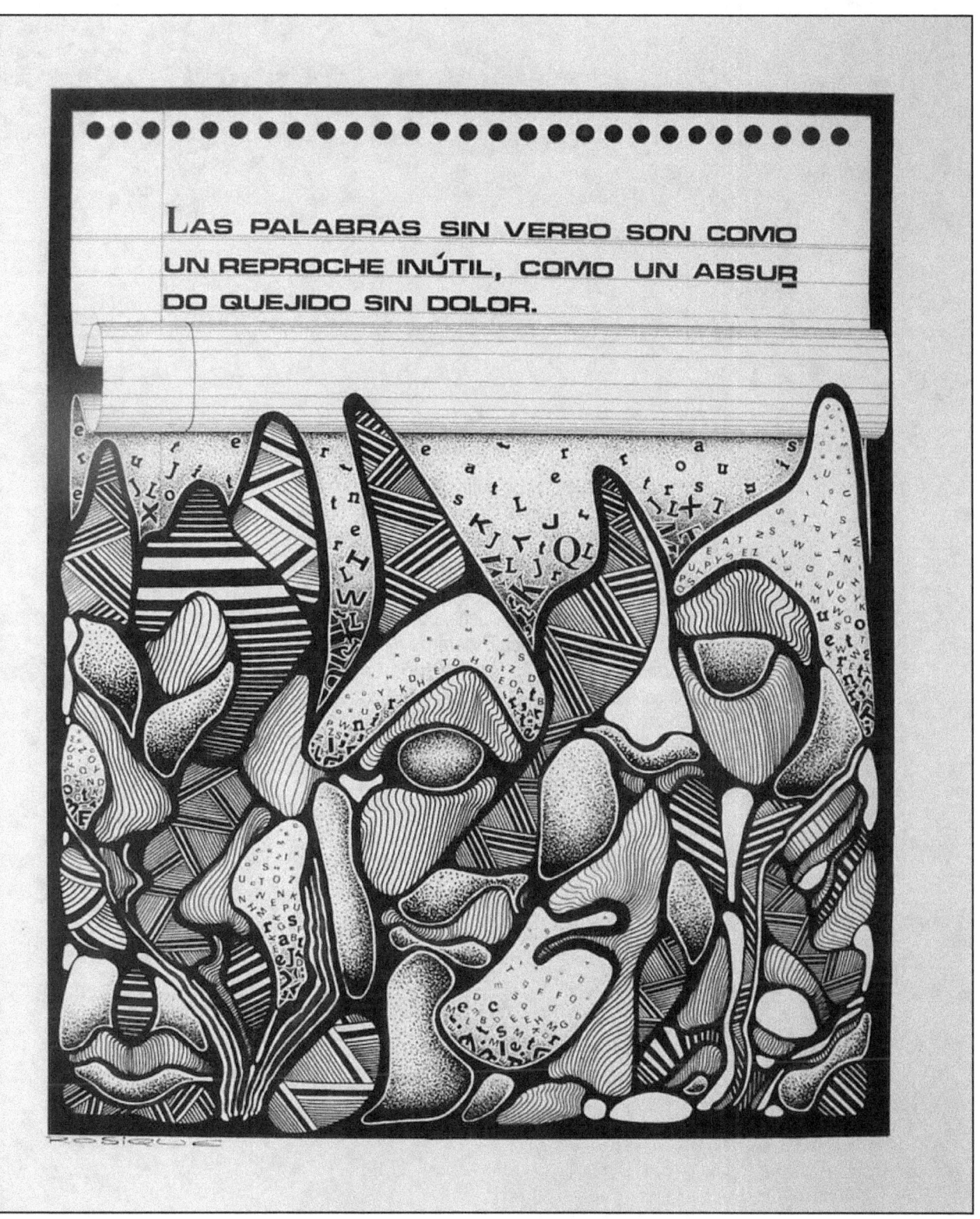

LAS PALABRAS SIN VERBO SON COMO UN REPROCHE INÚTIL, COMO UN ABSURDO QUEJIDO SIN DOLOR.

Cuando Los recuerdos Se empecinan en Seguirnos
no se pueden Dejar pasar Como Si Nada, Se tienen
Que Aceptar tal Como Son. Los Muy Dolorosos Casi
Se olvidad Y Los Gratos con Poca diferencia, No se
Evocan Por temor A No Igualar Su Bienestar,
perduran Los mediocres Llenando El Vacío De
aquellos Que Tienen Poca Esperanza y Nutren Con
Sus Errores A quienes Tienen Paciencia. La Vida Es
ese Incansable Traer A la memoria, En Donde Casi
Siempre Aflora la Indulgencia

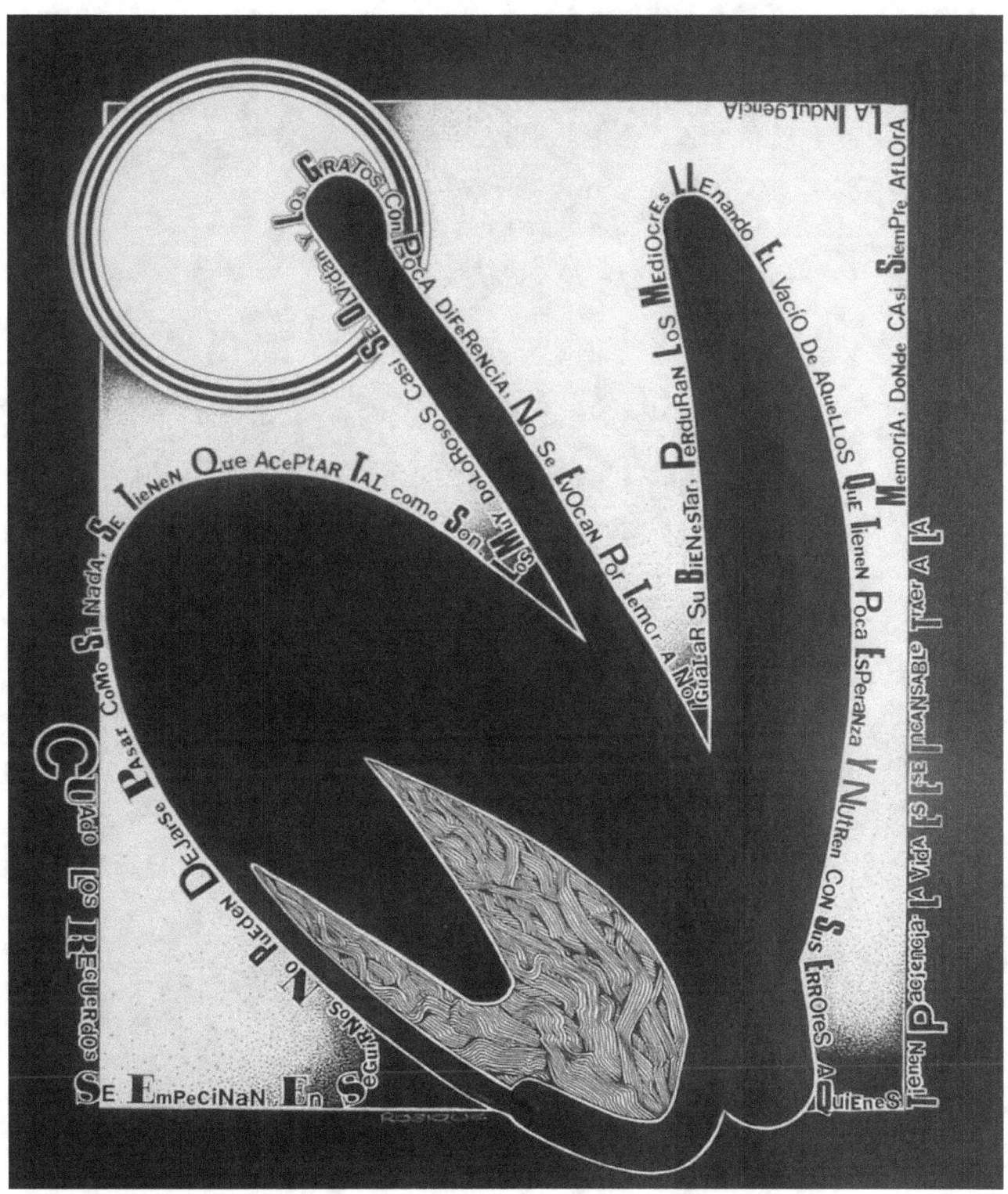

¿VACÍO, REFLEJO DE QUIEN ERES?

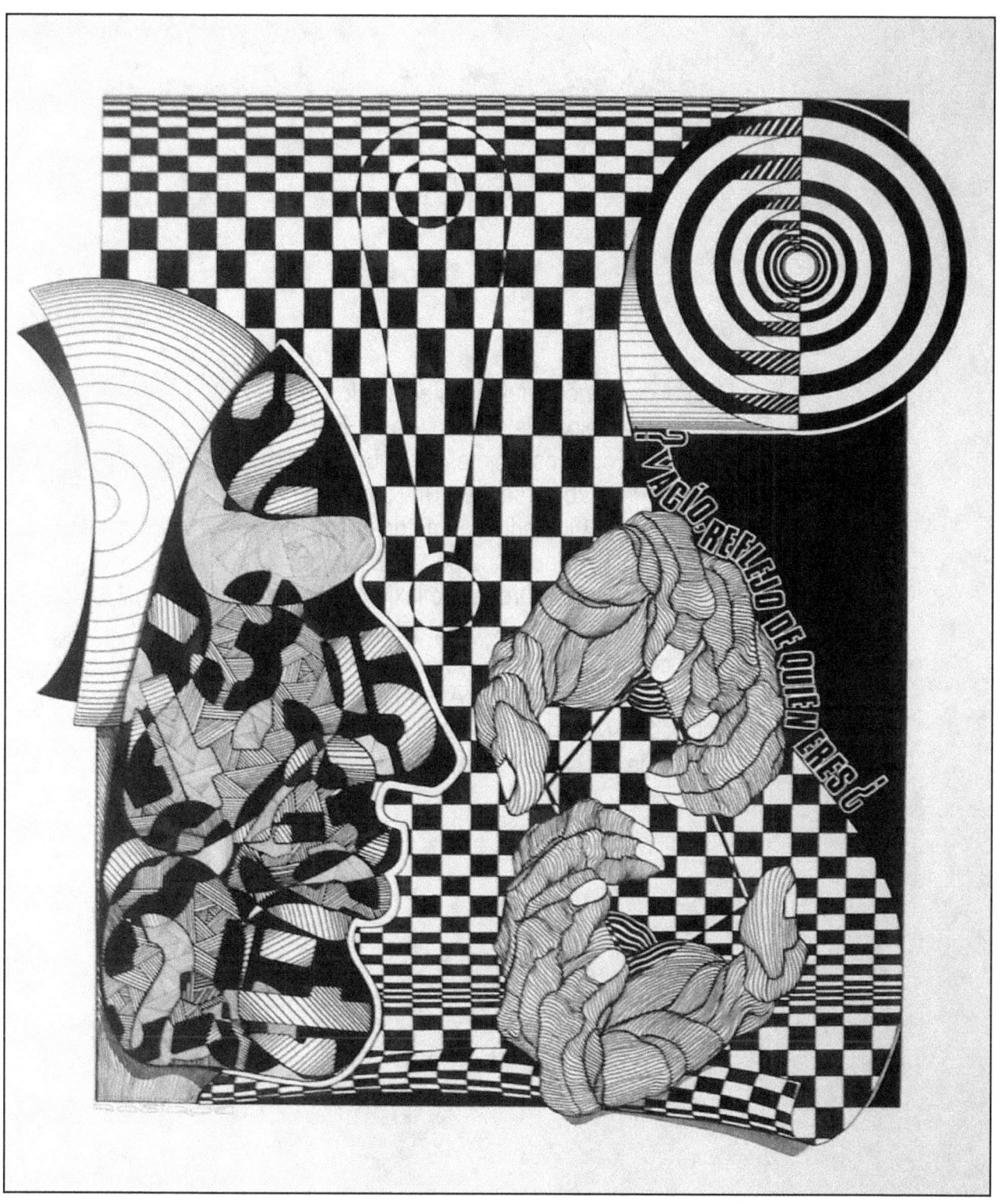

89

Ante el Umbral de la Incertidumbre Veo un Horizonte Repleto de Despojos, Palpitando. Todo Está Revuelto. Poco a Poco Los Objetos se Subordinan a la incoherencia Para Volverse Casi Un Remanso de sobriedad. Ahí Están Flotando Geométricamente en Un Mar de Aguas y Arenas, que se Yo. Están ahí, Patentes y En su propio Orden. Reflexiono y Sin remedio Me deslizo a la insolvencia, Veome En un Andar Perecedero Que Concluye en el Absurdo Camino de la Nada permanezco Ahí, Al Margen de la Disposición Metódica o De esa Polución desordenada, ya No Sé, Abierto al Mundo, cavilando.

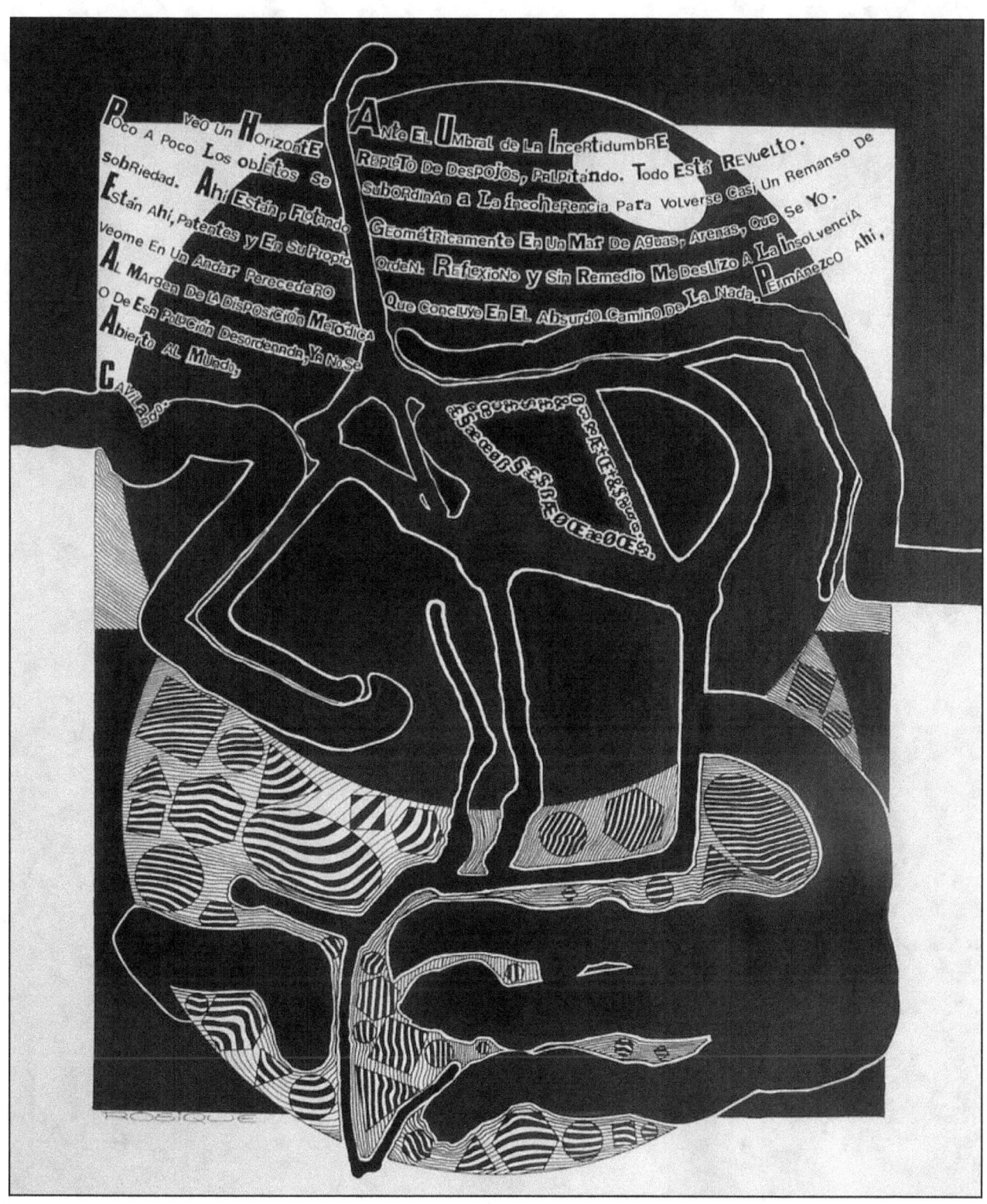

Hemos Mutado DeL MONo A Lo QuE SOmoS
Dice La EvoLucIóN.
El SImlo Estático y El Hombre perenne En su
Estructura Me Parece Verlos DesDe SieMpre,
Con Su Justicia, Con Su Crueldad, Con Sus
Mismos Aciertos, Con iguales Errores. En Su
pedestal De Soledad permutándose Como única
Condición. Variando en Su Propia Mentira,
Progresando Hacia Un Bienestar Que Cuesta
Tanto. Absorto En Cambiar El Curso De Su
Tradición Para Llegar Quien Sabe a Donde,
Mutando Con Tal Lentitud Que Aun No La Veo…

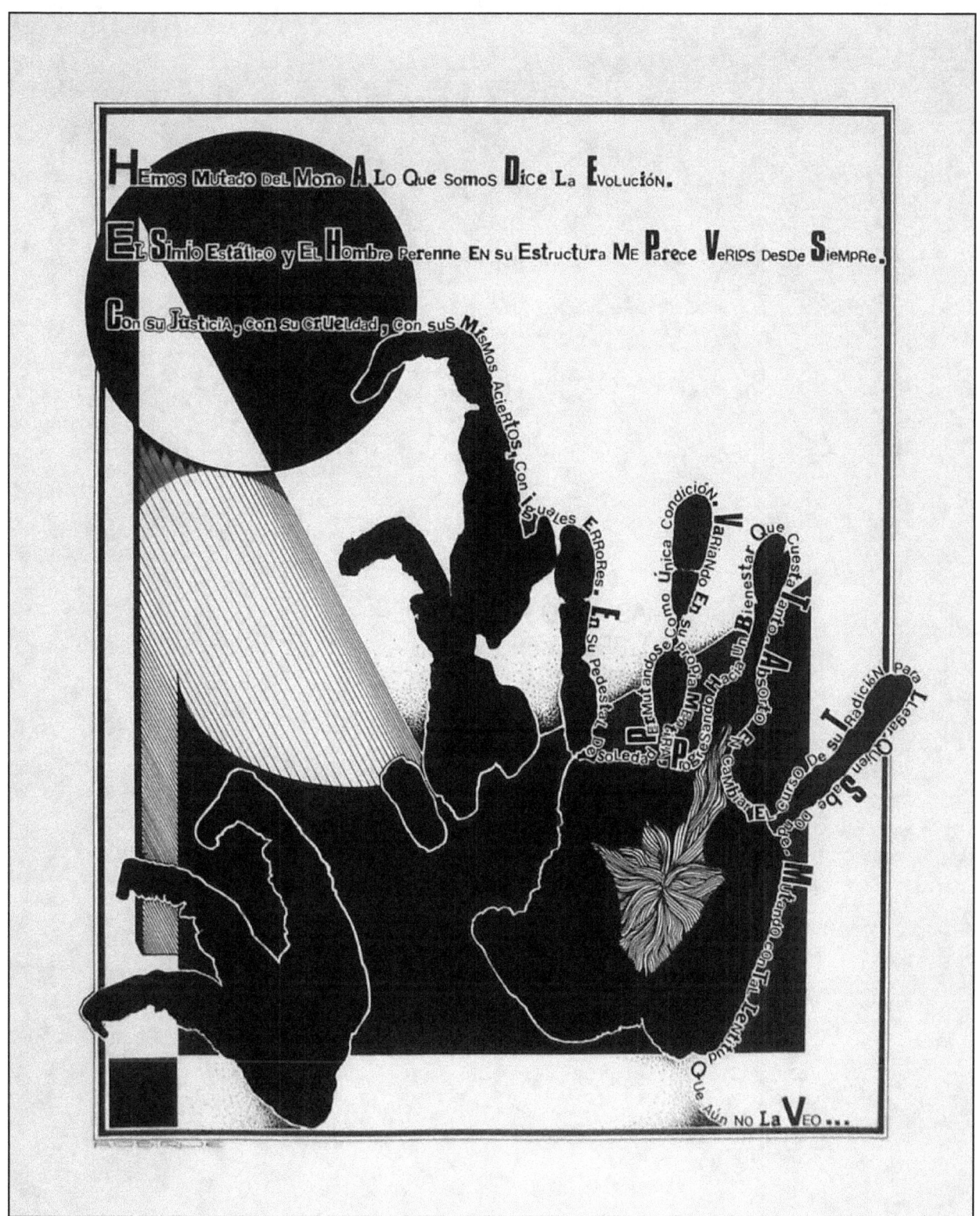

HEmos MuTado DeL Mono A Lo Que SomoS DíCe La EvoLuCióN.

EL Simio EsTáTico y EL Hombre PeReNNe EN Su EsTRucTuRA ME PaReCe VeRLoS DesDe SieMPRe.

Con Su JusTiciA, Con Su CrUeLdad, Con SuS MisMos AcieRTOs, Con IguaLes ERRoRes, EN Su PedesTaL De SoLedaD, EL MuTándose Como ÚniCa CondicióN, VaRiaNdo En Su PRopia MiseRia, Hacia Un Bienestar Que CuesTa TanTo, Absorto En CaMbioS, EL CURso De su EVoLucióN, PoR Tan TeRRible, Mutando con TaL LenTiTud, De su RadicióN Para LLegaR, QuieN SaBe..., QUe AúN NO La VEO...

93

STMAS – RTOS – MAX – DE –
ROLER – BLEF – WEISB –
FAVORITE – CD – UNO – DELA –
AZUL - TAONCE

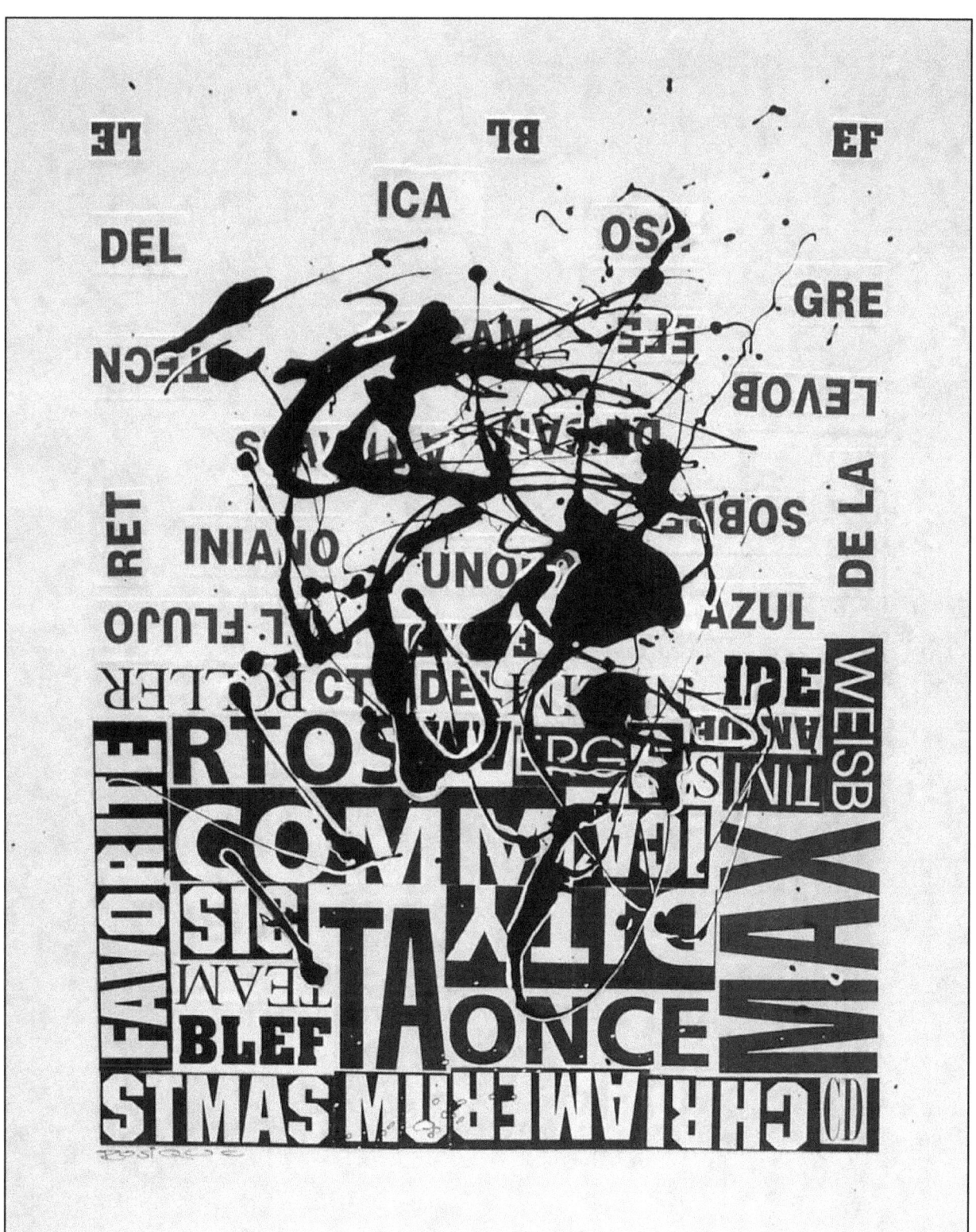

*La bestia se tragó el deseo. La bestia se
tragó el deseo. La bestia se tragó el
deseo. La bestia se tragó el deseo. La
bestia se tragó el deseo. La bestia se
tragó el deseo.*

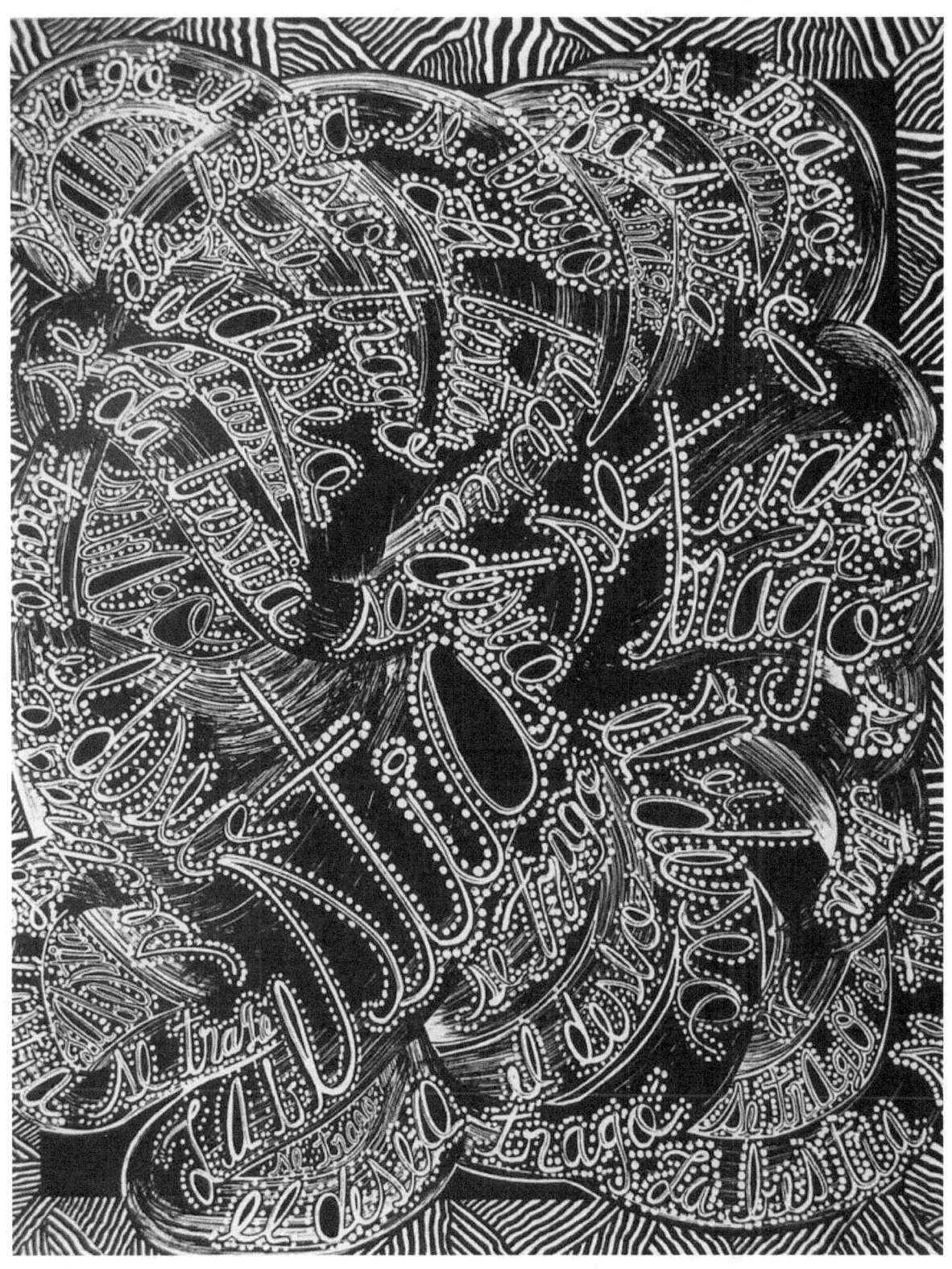

La Luz marchita
La Luz marchita La Luz Marchita La
Luz Marchita La Luz Marchita

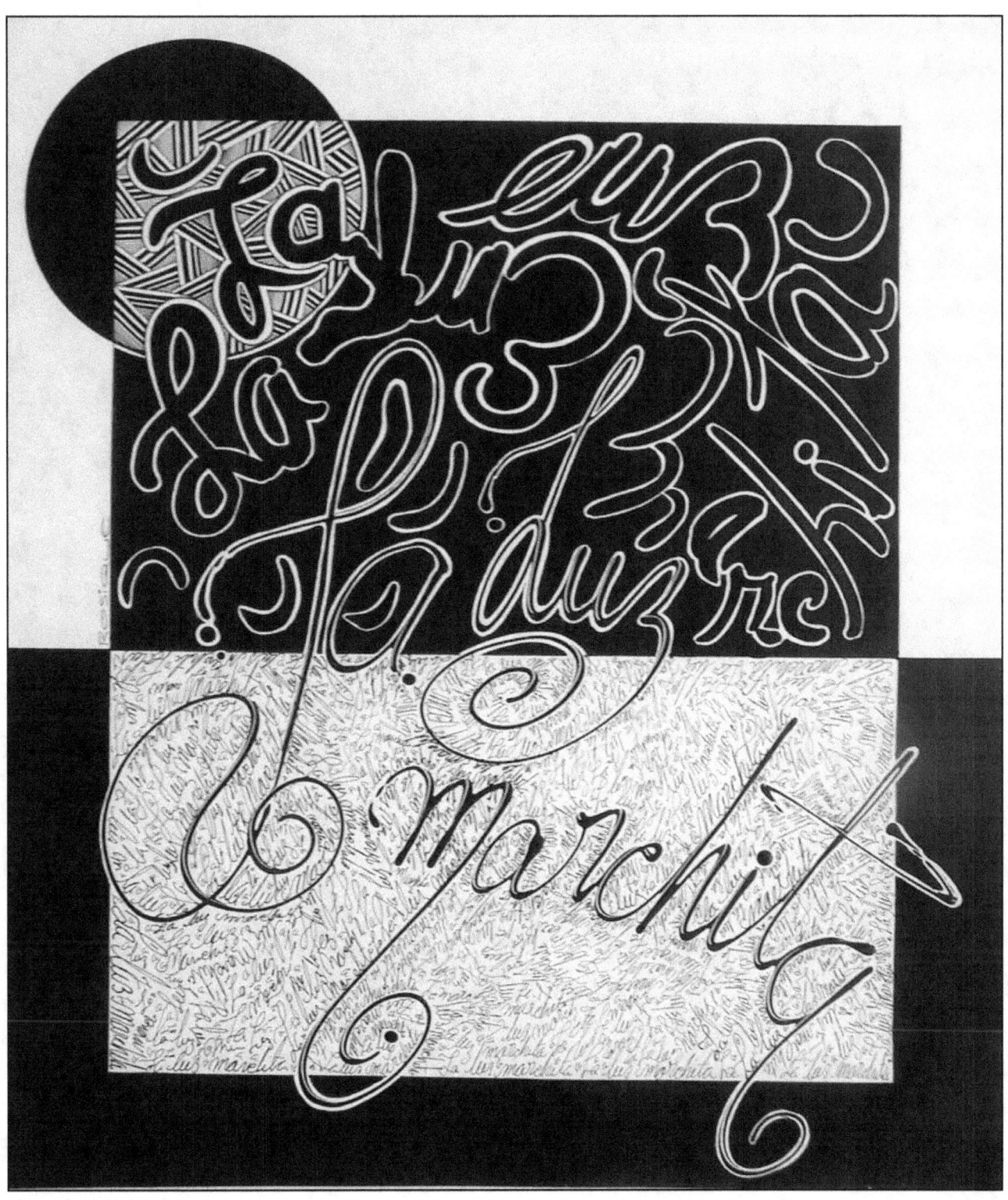

Acaso no te aburre tanto descaro?
Saca la lengua sucia y embárrala en tu
melancolía. Con que desparpajo miras
hacia arriba y no te cansas de hacerlo,
¿Acaso no te aburre tanto descaro?.

¿Acaso no te aburre tanto desca

ro?.Saca la lengua sucia y emba l

Con que desparpajo miras hacia

arriba y no te cansas de hacerlo,

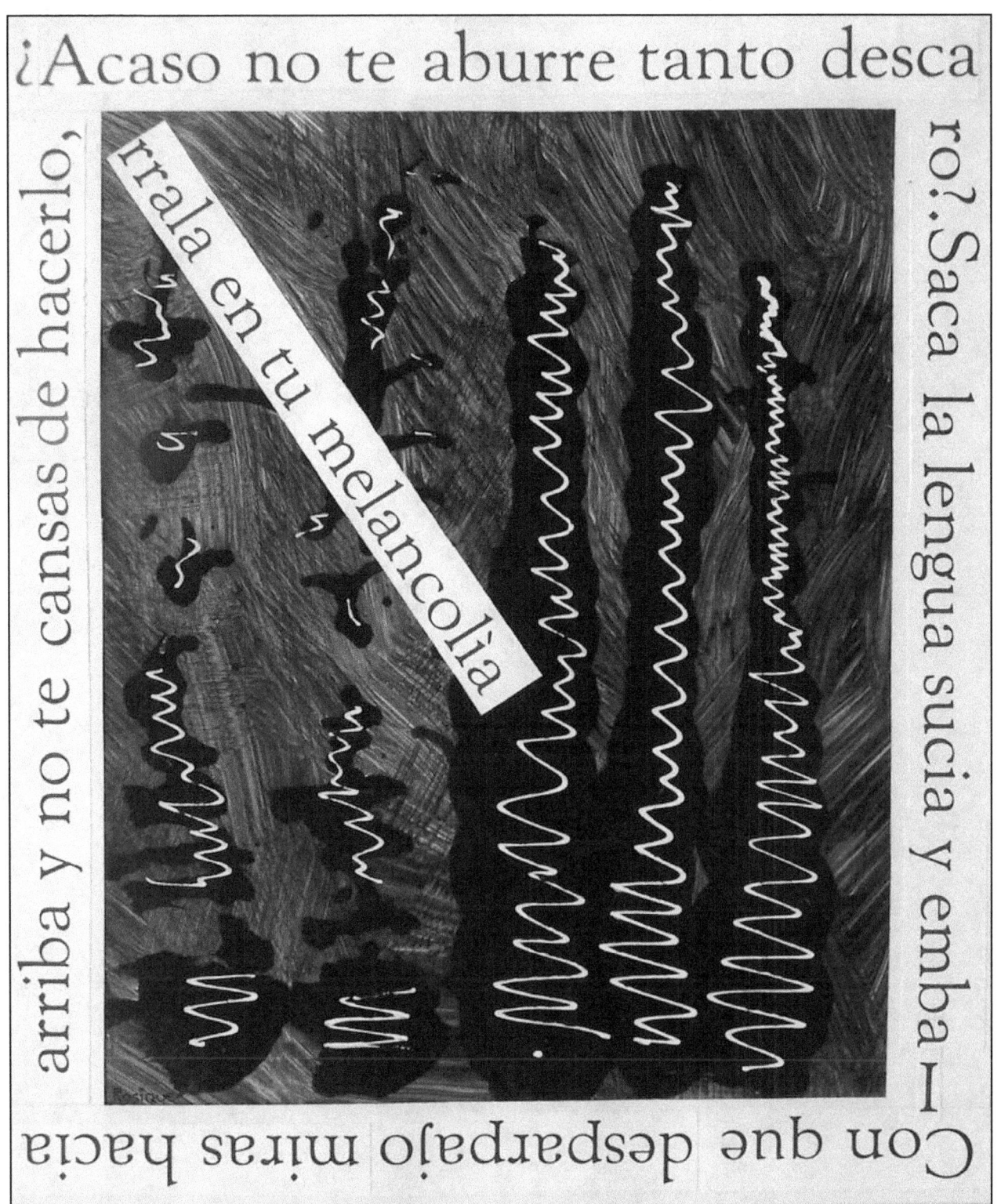

rrala en tu melancolía

Caresmiesrvesneb
Guifdt Guide Day

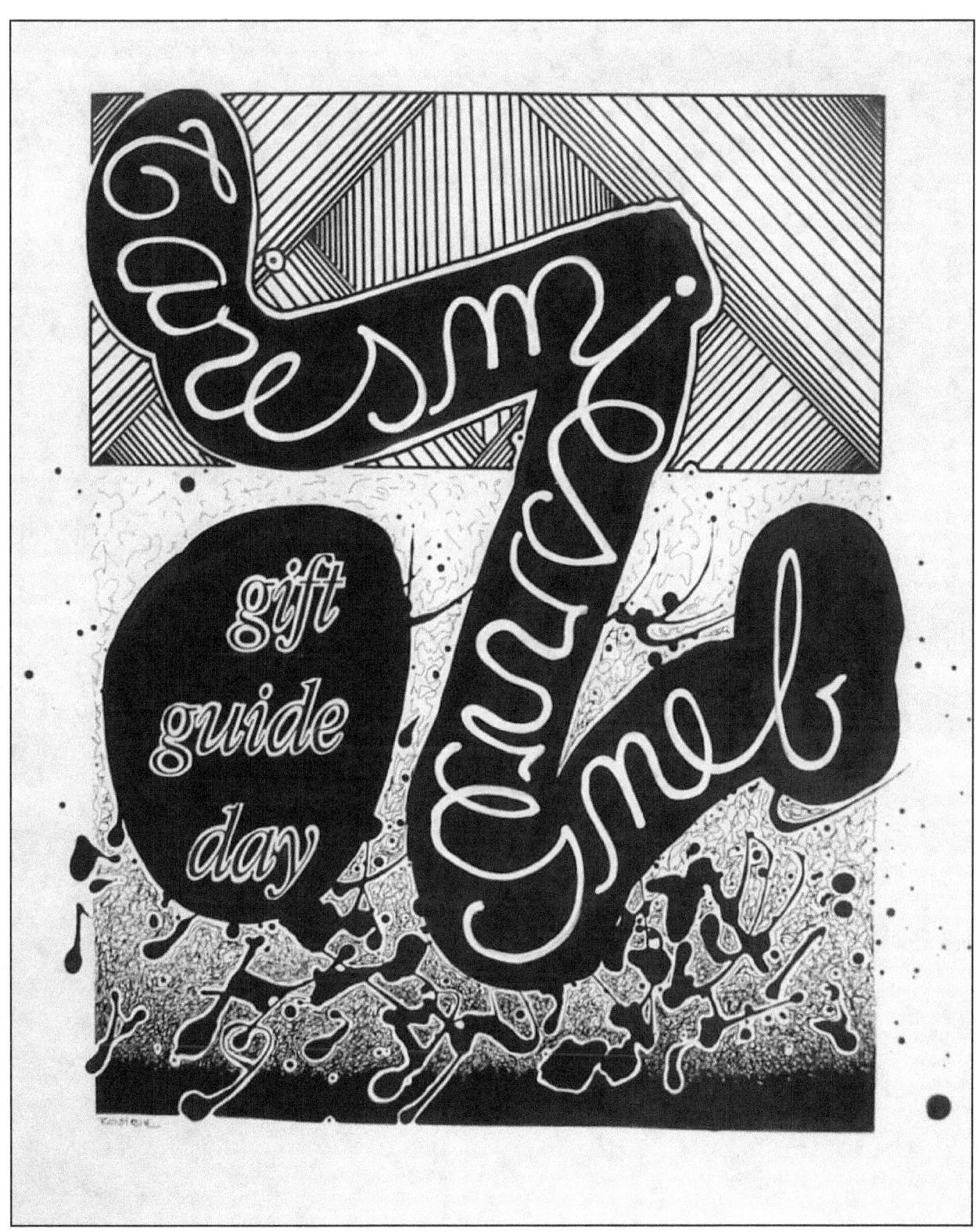

gift
guide
day

LO$ HUECOZ DEL $EXO

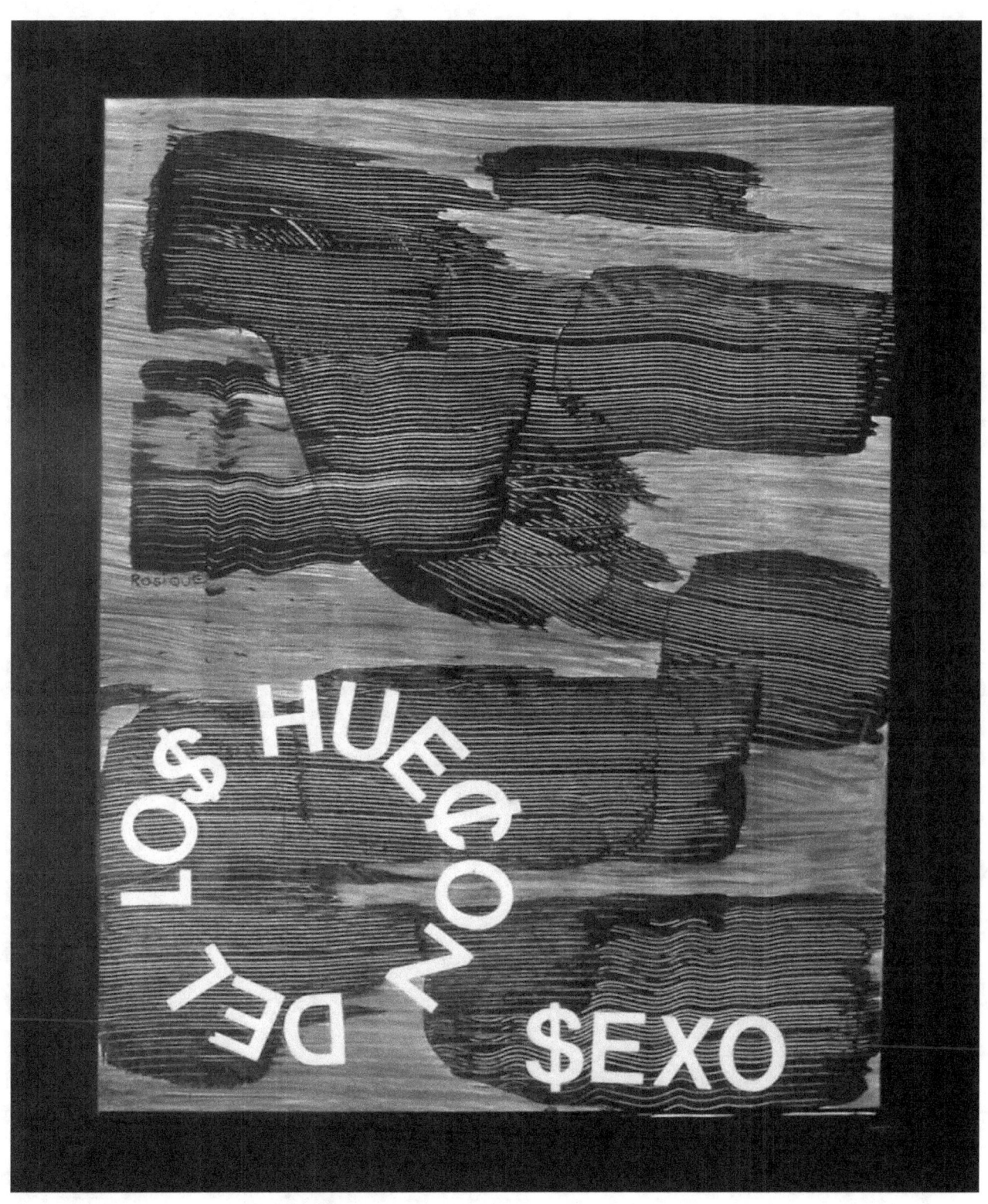

PO ESIA VISI VA
PO ESIA VISI VA
PO ESIA VISI VA

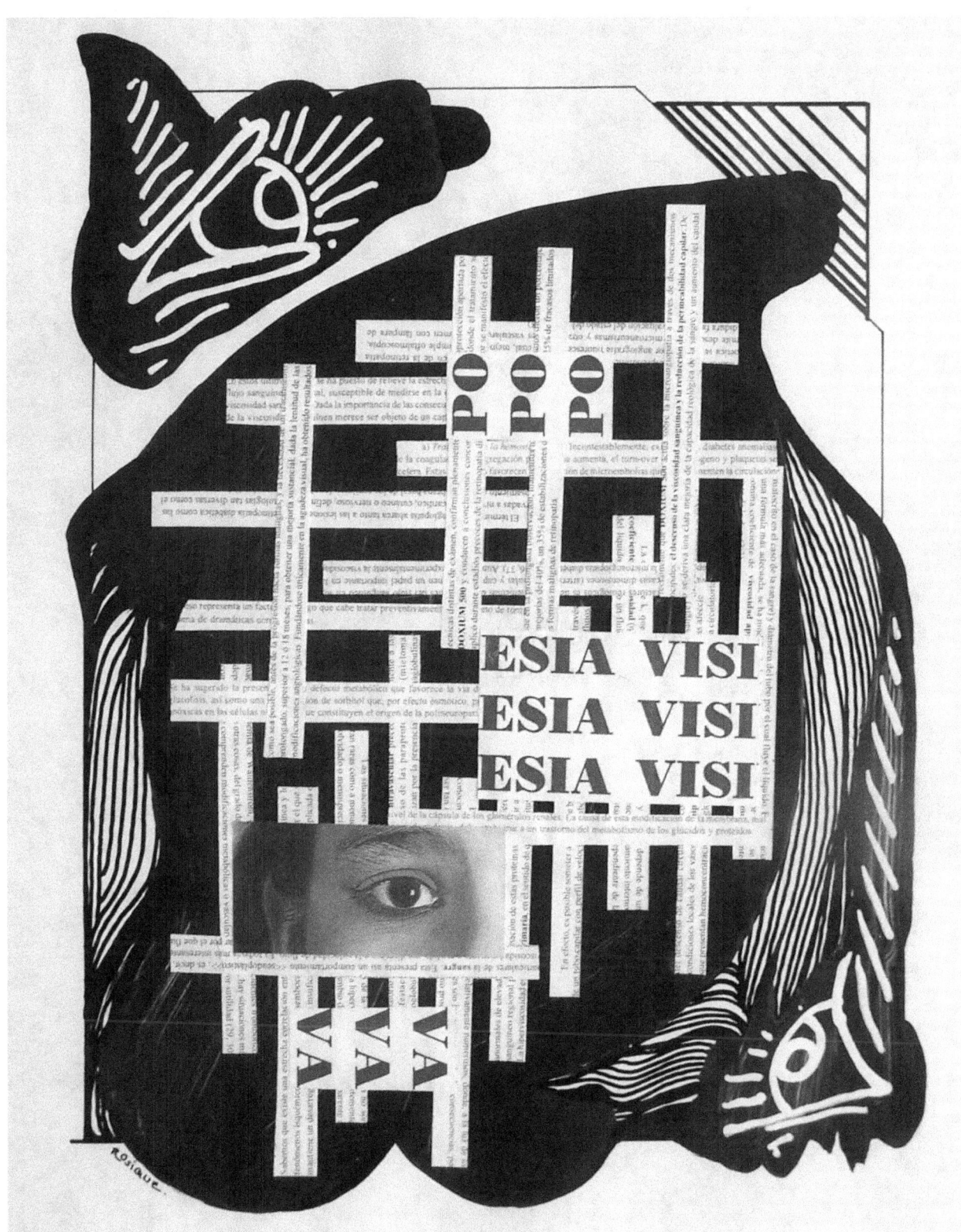

107

A

arca ábaco arma albaceas amanecidas
amaranto amén aberrante asterisco
aminoácidos arteria artero amnistía
atracos aro ansias abeto ala as asa ar a

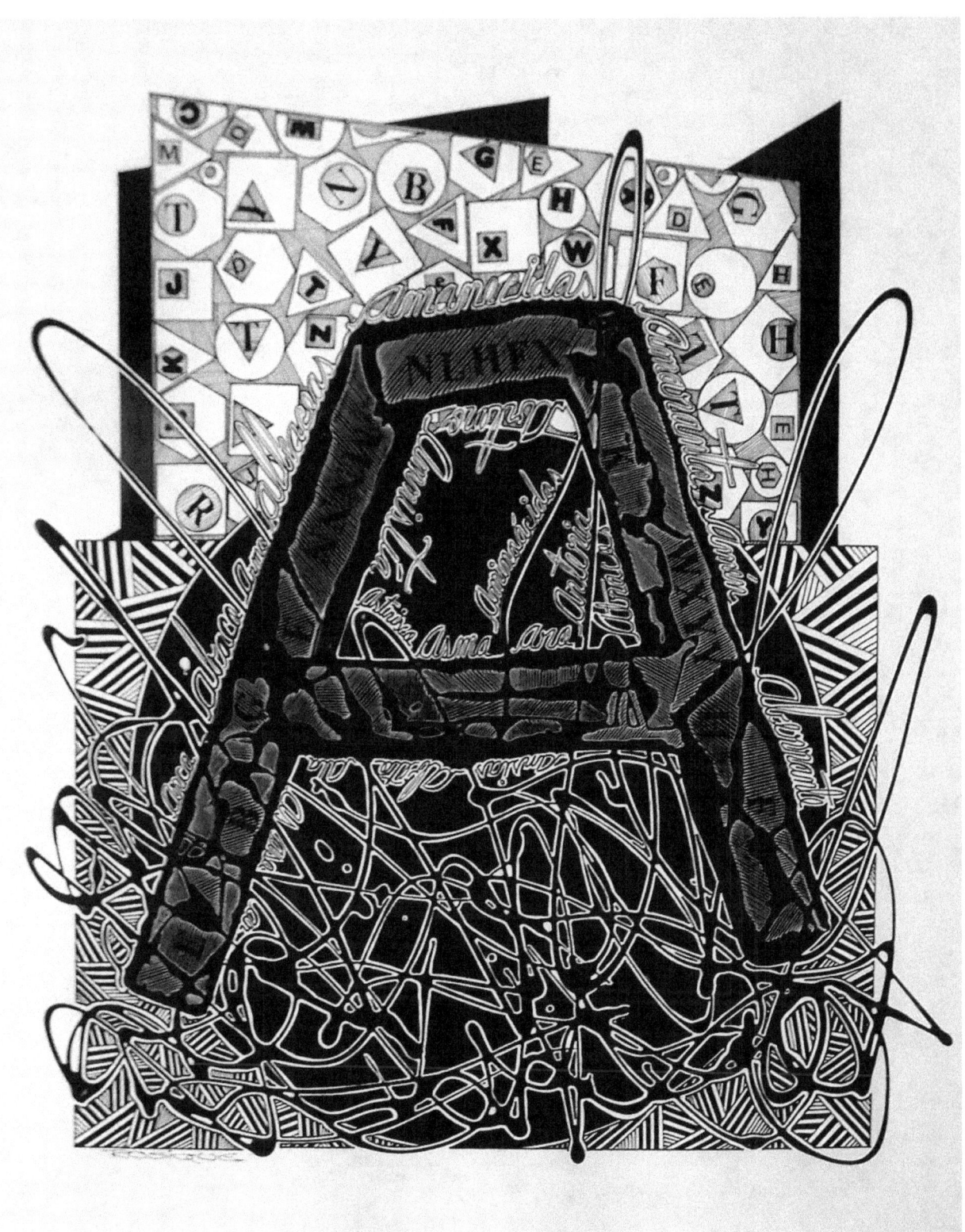

FIN FIN **FIN** FIN FIN

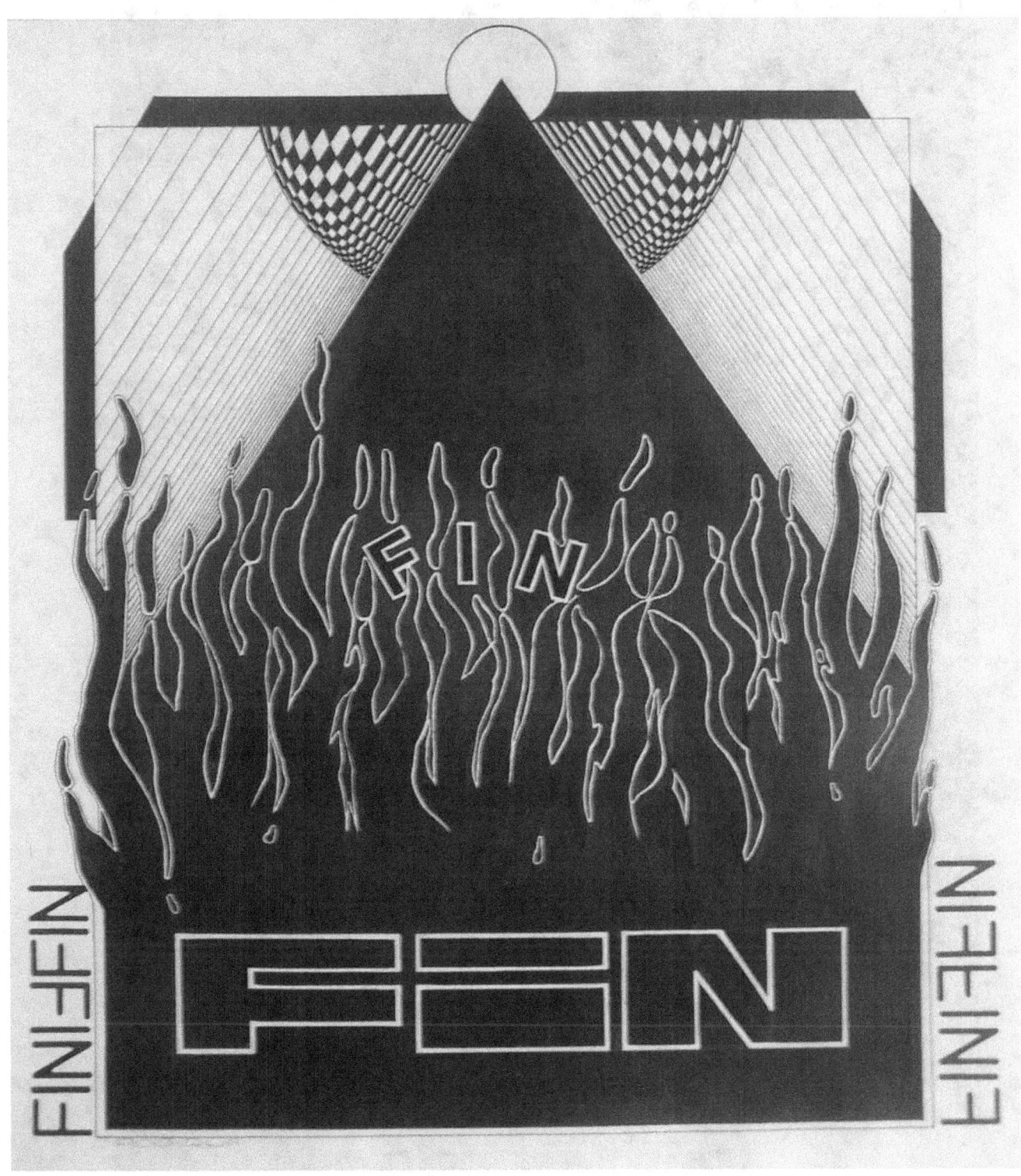

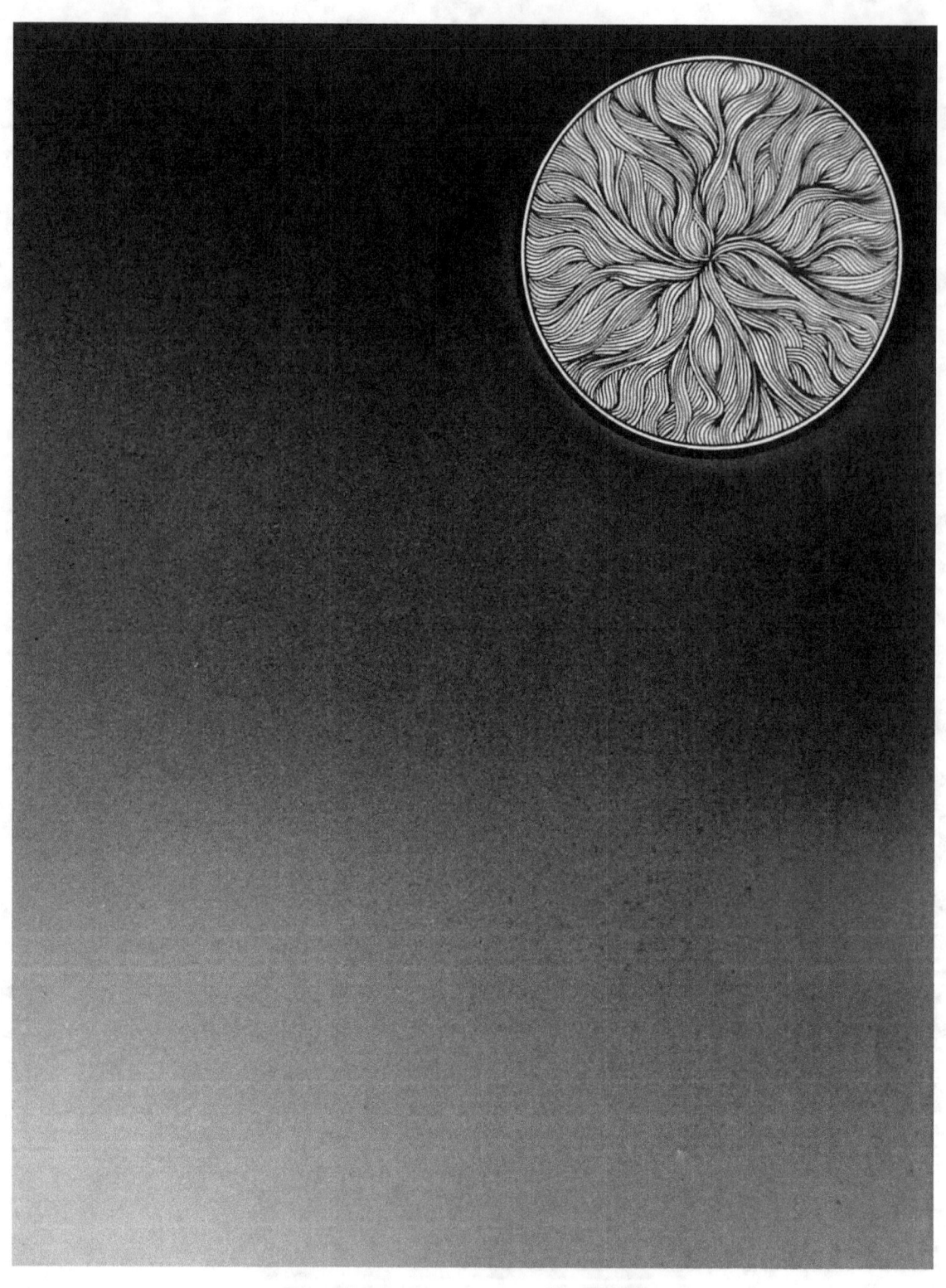

VISUALWORDS
ROBERTO ROSIQUE

www.ingramcontent.com/pod-product-compliance
Lightning Source LLC
Chambersburg PA
CBHW081602220526
45468CB00010B/2738